Ignaz Jastrow

Kleines Urkundenbuch zur neueren Verfassungsgeschichte

Zunächst für den Handgebrauch seiner Zuhörer

Ignaz Jastrow

Kleines Urkundenbuch zur neueren Verfassungsgeschichte
Zunächst für den Handgebrauch seiner Zuhörer

ISBN/EAN: 9783743605725

Hergestellt in Europa, USA, Kanada, Australien, Japan

Cover: Foto ©ninafisch / pixelio.de

Weitere Bücher finden Sie auf **www.hansebooks.com**

Kleines
Urkundenbuch

zur

neueren Verfassungsgeschichte.

Zunächst für den Handgebrauch seiner Zuhörer

zusammengestellt

von

Dr. J. Jastrow,

Dozent der Geschichte an der Universität Berlin.

Berlin 1889.
R. Gaertners Verlagsbuchhandlung
Hermann Heyfelder.
SW. Schönebergerstraße 26.

Vorwort.

Den Vorlesungen und Übungen über deutsche Verfassungsgeschichte habe ich in den letzten Jahren regelmäßig eine Anzahl Textstellen aus Gesetzen, Staatsverträgen und Denkschriften zugrunde gelegt. Die Unzuträglichkeiten, die erfahrungsmäßig mit dem Diktieren oder Abschreiben verbunden sind, ließen eine Drucklegung ratsam erscheinen. Dem Zwecke derselben entsprach die Beibehaltung der Schreibweise der Sammlung, aus welcher der Auszug genommen ist. Den so zusammengestellten Auszügen wurden die heutigen Verfassungsurkunden des Reiches und Preußens in ihrem vollen Wortlaut beigegeben.

Ob die kleine Sammlung auch andern dienlich werden kann, als denen, für welche sie ursprünglich bestimmt war, läßt sich einstweilen nicht überblicken, weil es an Erfahrungen auf diesem Gebiete noch fehlt. Die Wiedereinführung kurz zusammenfassender Überblicks-Vorlesungen, wie sie in den letzten Jahren mehrfach, namentlich auf Veranlassung der Preußischen Regierung, stattgefunden hat, wird ja im Laufe der Zeit aus technisch-pädagogischen Gründen den Hilfsbüchern auch im akademischen Unterricht eine größere Bedeutung geben. Vielleicht bekommen wir auch einmal für deutsche Verfassungsgeschichte ein Lehrmittel, wie es die englischen Universitäten an Stubbs' „Select Charters" schon lange besitzen. Einstweilen aber muß noch der Versuch gemacht werden, das Vorhandene mit bescheideneren Mitteln zu ergänzen.

Für gründliche und vielseitige Belehrung über die Entwickelung des deutschen Verfassungslebens ist durch die Verteilung des Gesamtstoffes über eine Reihe von

Vorlesungen in zwei Fakultäten ausgiebig gesorgt (Staats-
recht, Verwaltungsrecht, Reichs= und Rechtsgeschichte; —
Geschichte bez. Verfassungsgeschichte des Mittelalters, der
Neuzeit, der neuesten Zeit). Daneben kann ein kurz
zusammenfassendes Einführungskolleg für Anfänger eine
innere Berechtigung nur dann haben, wenn es gelingt,
den Kreis der Quellenlektüre so knapp zu bemessen, daß
der Überblick (und mehr als ein Überblick darf nicht
angestrebt werden) von dem Lernenden in einem
Semester erreicht werden kann. Während hierzu die
Grundgesetze des alten Reichs in den überlieferten Samm-
lungen, wie der von Schmauß, erträglich gut beisammen
gefunden werden: bedarf man zur Ergänzung für die
Zeit des deutschen Bundes, des heutigen Reiches und
namentlich für das Gesamtgebiet der Preußischen
Verfassungsgeschichte, mindestens eines Dutzends
großer Sammelwerke, die vollzählig nur selten und in
der genügenden Anzahl von Exemplaren fast nie zusammen-
zubringen sind. Hier mag eine Sammlung von Auszügen für den Anfang immerhin gewisse Dienste leisten,
wenn auch nicht in jedem einzelnen Falle eine Begründung darüber hinzugefügt werden kann, weshalb diese
und gerade nur diese Auswahl getroffen worden ist.
Eine solche Begründung ist zum Teil selbst Gegenstand
des Unterrichts, dem ein Hilfsmittel wie das vorliegende
zu dienen bestimmt ist.

Ein Gesetz kann nur als Ganzes verstanden werden.
Die Lektüre bloßer Auszüge soll Bedürfnis und Fähigkeit wecken, das Ganze kennen zu lernen. Wer sich auf
dieses Lehrziel beschränkt, erreicht vielleicht am ehesten,
daß er auch denjenigen einen kleinen Dienst erweist,
welche Verfassungen nicht zum hauptsächlichen Gegen-
stande ihres Studiums machen können und nur eine
kurze einmalige Belehrung suchen.

Berlin, im Januar 1889.   J.

Inhalt.

Erster Teil: Deutschland.

Erster Teil: Deutschland.

I. Die Auflösung des alten Reichs.

1. Rheinbundsakte.
Vom 12. Juli 1806.

(Winkopp, Konföderationsakte, S. 38—85; id., Rhein. Bund I, 1, S. 9
bis 44; v. Meyer 1, S. 79—84; Martens, Suppl. 4, S. 313—26;
Michaelis, S. 367—79.)

Sa Majesté l'Empereur des Français, Roi d'Italie, d'une part, et d'autre part Leurs Majestés les Rois de Bavière et de Wurtemberg, Leurs Altesses Sérénissimes les Electeurs Archichancellier et de Bade, le Duc de Berg et Clèves, le Landgrave de Hesse-Darmstadt, les Princes de Nassau-Usingen et Nassau-Weilbourg, les Princes de Hohenzollern-Hechingen et Hohenzollern-Sigmaringen, les Princes de Salm-Salm et de Salm-Kyrbourg, le Prince d'Isenbourg-Birstein, le Duc d'Ahremberg et le Prince de Lichtenstein, et le Comte de la Leyen, voulant, par des stipulations convenables, assûrer la paix intérieure et exterieure du midi de l'Allemagne, pour laquelle l'expérience a prouvé depuis long-tems et tout recemment encore, que la constitution germanique ne pouvait plus offrir aucune sorte de garantie, ont nommé pour leurs plénipotentiaires, savoir . . .

Lesquels après s'être communiqué leurs pleins-pouvoirs respectifs, sont convenus des articles suivans:

Jastrow, Kl. Urkundenbuch. 1

Art. 1.   Les Etats ... seront séparés à perpétuité du
territoire de l'Empire germanique, et unis entr'eux par
une confédération particulière sous le nom d'Etats confédérés du Rhin.

Art. 2. Toute loi de l'Empire germanique, qui a pu
jusqu'à présent concerner et obliger Leurs Majestés et
Leurs Altesses Sérénissimes les Rois et Princes et le
Comte, denommés en l'Article précédent, leurs sujets et
leurs Etats ou partie d'iceux, sera à l'avenir, relative-
ment à leurs dites Majestés et Altesses et au dit
Comte, à leurs Etats et sujets nulle et de nul effet;
sauf néanmoins les droits acquis à des créanciers et
pensionnaires par le recès de mille huit cent trois, et
les dispositions du paragraphe trente neuf du dit recès
relatives à l'octroi de navigation du Rhin, lesquelles
continueront d'être exécutées selon leur forme et teneur.

Art. 3. Chacun des Rois et Princes confédérés re-
noncera à ceux de ses titres qui expriment des rapports
quelconques avec l'Empire germanique et le premier Août
il fera notifier à la Diète sa séparation d'avec l'Empire.

Art. 6.   Les interéts communs des Etats confédérés
seront traités dans une Diète, dont le siège sera à
Francfort, et qui sera divisée en deux Collèges, savoir:
le Collège des Rois et le Collège des Princes.

Art. 9. Toutes les contestations qui s'éleveront entre
les Etas confédérés, seront décidées par la Diète de Francfort.

Art. 12. Sa Majesté l'Empereur des Français sera
proclamé Protecteur de la Confédération; et en cette
qualité, au décès de chaque Prince-Primat, il en nom-
mera le successeur.

Art. 25.   Chacun des Rois et Princes confédérés
possédera en toute souveraineté les terres équestres
enclavées dans ses possessions. Quant aux terres
équestres interposées entre deux des Etats confédérés,
elles seront partagées, quant à la souveraineté, entre
les deux Etats, aussi également que faire se pourra,

mais de manière à ce qu'il n'en résulte ni morcellement, ni mélange des territoires.

Art. 26. Les droits de souveraineté sont ceux de legislation, de jurisdiction suprême, de haut police, de conscription militaire ou recrutement, et d'impôt.

Art. 35. Il y aura entre l'Empire français et les Etats confédérés du Rhin, collectivement et séparément, une alliance, en vertu de laquelle toute guerre continentale, que l'une des parties contractantes aurait à soutenir, deviendra immédiatement commune à toutes les autres.

Art. 36. Dans le cas où une puissance étrangère à l'alliance et voisine armerait, les hautes parties contractantes, pour ne pas être prises au dépourvu, armeront pareillement, d'après la demande, qui en sera faite par le Ministre de l'une d'elles à Francfort.

Le contingent que chacun des alliés devra fournir, étant divisé en quatre quarts, la diète déterminera combien de quarts devront être rendus mobiles, mais l'armement ne sera effectué qu'en consequence d'une invitation adressée par Sa Majesté l'Empereur et Roi à chacune des puissances alliées.

Art. 38. Le contingent à fournir par chacun des alliés pour le cas de guerre, est fixé comme il suit: La France fournira deux cents mille hommes de toutes armes, le royaume de Baviere trente mille hommes de toutes armes, le royaume de Wurtemberg douze mille, le Grand-Duc de Bade huit mille, le Grand-Duc de Berg cinq mille, le Grand-Duc de Darmstadt quatre mille. Leurs Altesses Sérénissimes les Duc et Prince de Nassau avec les autres Princes confédérés fourniront un contingent de quatre mille hommes.

Art. 39. Les hautes parties contractantes se réservent d'admettre par la suite dans la nouvelle confédération d'autres Princes et Etats d'Allemagne, qu'il sera trouvé de l'interêt commun d'y admettre.

2. Abdankungsakte Franz' II.
Vom 6. August 1806.

(Originaldruck. Wien. 2 Bl. fol.; Samml. d. Gesetze Franz' II. 21, S. 489—92; Winkopp, Konföderationsakte. S. 104/7; Id., Rhein. Bund I, 1, S. 54/6; v. Meyer 1, S. 71 f.; franz.: Martens, Suppl. 4, S. 332 f.)

Nach dem Abschlusse des Preßburger-Friedens war Unsere ganze Aufmerksamkeit und Sorgfalt dahin gerichtet, allen Verpflichtungen, die Wir dadurch eingegangen hatten, mit gewohnter Treue und Gewissenhaftigkeit das vollkommenste Genügen zu leisten, und die Segnungen des Friedens Unsern Völkern zu erhalten, die glücklich wieder hergestellten friedlichen Verhältnisse allenthalben zu befestigen, und zu erwarten, ob die durch diesen Frieden herbeygeführten wesentlichen Veränderungen im deutschen Reiche, es Uns ferner möglich machen würden, den nach der kaiserlichen Wahlcapitulation Uns als Reichs-Oberhaupt obliegenden schweren Pflichten genug zu thun. Die Folgerungen, welche mehreren Artikeln des Preßburger-Friedens gleich nach dessen Bekanntwerdung und bis jetzt gegeben worden, und die allgemein bekannten Ereignisse, welche darauf im deutschen Reiche Statt hatten, haben Uns aber die Überzeugung gewährt, daß es unter den eingetretenen Umständen unmöglich seyn werde, die durch den Wahlvertrag eingegangenen Verpflichtungen ferner zu erfüllen: und wenn noch der Fall übrig blieb, daß sich nach fördersamer Beseitigung eingetretener politischen Verwickelungen ein veränderter Stand ergeben dürfte, so hat gleichwohl die am 12. Julius zu Paris unterzeichnete, und seit dem von den betreffenden Theilen begnehmigte Übereinkunft mehrerer, vorzüglichen Stände zu ihrer gänzlichen Trennung von dem Reiche und ihrer Vereinigung zu einer besondern Conföderation, die gehegte Erwartung vollends vernichtet.

Bey der hierdurch vollendeten Überzeugung von der gänzlichen Unmöglichkeit, die Pflichten Unseres kaiserlichen

Amtes länger zu erfüllen, sind Wir es Unsern Grundsätzen und Unserer Würde schuldig, auf eine Krone zu
verzeihen, welche nur so lange Werth in Unsern Augen
haben konnte, als Wir dem, von Kurfürsten, Fürsten und
Ständen, und übrigen Angehörigen des deutschen Reichs
Uns bezeigten Zutrauen zu entsprechen und den übernommenen Obliegenheiten ein Genügen zu leisten im Stande
waren.

Wir erklären demnach durch Gegenwärtiges, daß
Wir das Band, welches Uns bis jetzt an den Staatskörper
des deutschen Reichs gebunden hat, als gelöst ansehen,
daß Wir das reichsoberhauptliche Amt und Würde durch
die Vereinigung der consöderirten rheinischen Stände als
erloschen und Uns dadurch von allen übernommenen Pflichten
gegen das deutsche Reich los gezählt betrachten und die
von wegen desselben bis jetzt getragene Kaiserkrone und
geführte kaiserliche Regierung, wie hiermit geschieht, nieder-
legen.

Wir entbinden zugleich Kurfürsten, Fürsten und Stände
und alle Reichsangehörigen, insonderheit auch die Mitglieder der höchsten Reichsgerichte und die übrige Reichs-
bienerschaft von ihren Pflichten, womit sie an Uns, als
das gesetzliche Oberhaupt des Reichs, durch die Constitution gebunden waren.

Unsere sämmtlichen deutschen Provinzen und Reichs-
länder, zählen Wir dagegen wechselseitig, von allen Verpflichtungen, die sie bis jetzt unter was immer für einem
Titel gegen das deutsche Reich getragen haben, los und
Wir werden selbige in ihrer Vereinigung mit dem ganzen
österreichischen Staatskörper, als Kaiser von Oesterreich
unter den wieder hergestellten und bestehenden friedlichen Verhältnissen mit allen Mächten und benachbarten
Staaten, zu jener Stufe des Glücks und Wohlstandes
zu bringen beflissen seyn, welche das Ziel aller Unserer
Wünsche, der Zweck Unserer angelegensten Sorgfalt stets
seyn wird.

II. Die Zeit des deutſchen Bundes.

3. Wiener Kongreßakte.

Schlußakte des Wiener Kongreſſes.

Vom 9. Juni 1815.

(Klüber, Cuellenſamml., S. 12—49; v. Meyer 1, S. 264—78; Martens, Suppl. 6, S. 379—431; Michaelis, S. 380—450. — Sonſtige Drucke ſ. Klüber, S. 1—5.)

Au nom de la très-sainte et indivisible Trinité.

Les puissances qui ont signé le traité conclu à Paris le 30 mai 1814. s'étant réunies à Vienne, en conformité de l'article 32 de cet acte, avec les Princes et Etats leurs alliés, pour compléter les dispositions dudit traité, et pour y ajouter les arrangements rendus nécessaires par l'état dans lequel l'Europe étoit restée à la suite de la dernière guerre, désirant maintenant de comprendre, dans une transaction commune, les différens résultats de leurs négociations, afin de les revêtir de leurs ratifications réciproques, ont autorisé leurs Plénipotentiaires à réunir, dans un instrument général, les dispositions d'un intérêt majeur et permanent, et à joindre à cet acte, comme parties intégrantes des arrangemens du Congrès, les traités, conventions, déclarations, réglemens et autres actes particuliers, tels qu'ils se trouvent cités dans le présent traité, *etc.*

Art. 53. Les Princes souverains et les Villes libres d'Allemagne, en comprenant dans cette transaction LL. MM. l'Empereur d'Autriche, les Rois de Prusse, de Danemarc et des Pays-Bas, et nommément: l'Empereur d'Autriche et le Roi de Prusse, pour toutes celles de leurs possessions qui ont anciennement appartenu à l'Empire Germanique; le Roi de Danemarc pour le duché de Holstein; le Roi des Pays-Bas pour le grand-duché de Luxembourg; établissent entre eux une Confédération perpétuelle qui portera le nom de C o n f é d é r a - t i o n G e r m a n i q u e.

Art. 54. Le but de cette Confédération est le maintien
de la sûreté extérieure et intérieure de l'Allemagne, de
l'indépendance et de l'inviolabilité des Etats confédérés.
Art. 55. Les membres de la Confédération, comme
tels, sont égaux en droits; ils s'obligent tous également
à maintenir l'acte qui constitue leur union.
Art. 64. Les articles compris sous le titre de dispositions particulières dans l'acte de la Confédération
Germanique, tel qu'il se trouve annexé en original et
dans une traduction française au présent traité général,
auront la même force et valeur que s'ils étoient textuellement insérés ici.

Art. 108. Les Puissances dont les états sont
séparés ou traversés par une même rivière navigable,
s'engagent à régler, d'un commun accord, tout ce qui
a rapport à la navigation de cette rivière. Elles nom-
meront à cet effet des commissaires, qui se réuniront
au plus tard six mois après la fin du congrès, et qui
prendront pour bases de leurs travaux les principes
établis dans les articles suivans.
Art. 111. Les droits sur la navigation seront fixés
d'une manière uniforme, invariable, et assez indépendante
de la qualité différente des marchandises, pour ne pas
rendre nécessaire un examen détaillé de la cargaison
autrement que pour cause de fraude et de contravention.
La quotité de ces droits, qui, en aucun cas, ne pourront
excéder ceux existants actuellement, sera déterminée
d'après les circonstances locales, qui ne permettent guère
d'établir une règle générale à cet égard. On partira
néanmoins en dressant le tarif, du point de vue d'en-
courager le commerce en facilitant la navigation, et
l'octroi établi sur le Rhin pourra servir d'une norme
approximative.
Le tarif une fois réglé, il ne pourra plus être
augmenté que par un arrangement commun des états

riverains, ni la navigation grévée d'autres droits quelconques, outre ceux fixés dans le réglement.

Art. 117. Les réglemens particuliers relatifs à la
navigation du Rhin, du Neckar, du Mein, de la Moselle,
de la Meuse, et de l'Escaut, tels qu'ils se trouvent
joints au présent acte, auront la même force et valeur,
que s'ils y avoient été textuellement insérés.

4. Deutſche Bundesakte.
Vom 8. Juni 1815.

(Klüber, Quellenſamml. S. 134—79; v. Meyer 2, S. 1—7; Michaelis,
S. 450—83; Weil, S. 1—12; deutſch u. franz.: Martens, Suppl. 6,
S. 363—78. Sonſtige Drucke ſ. Klüber, S. 134/9.)

Im Namen der allerheiligſten und untheilbaren Dreieinigkeit.

Die ſouverainen Fürſten und freien Städte
Teutſchlands, den gemeinſamen Wunſch hegend, den
ſechsten Artikel des pariſer Friedens vom 30. Mai 1814 in Erfüllung zu ſetzen, und von den Vortheilen überzeugt, welche
aus ihrer feſten und dauerhaften Verbindung für die Sicherheit und Unabhängigkeit Teutſchlands, und die Ruhe und
das Gleichgewicht Europa's hervorgehen würden, ſind überein-
gekommen, ſich zu einem beſtändigen Bunde zu vereinigen,
und haben zu dieſem Behuf ihre Geſandten und Abgeordneten am Congreſſe in Wien mit Vollmachten ver-
ſehen, nämlich: . . .

In Gemäßheit dieſer Beſchlüſſe haben die vorſtehenden
Bevollmächtigten, nach geſchehener Auswechſelung ihrer
richtig befundenen Vollmachten, folgende Artikel verabredet.

Art. 1. Die ſouverainen Fürſten und freien Städte
Teutſchlands mit Einſchluß Ihrer Majeſtäten des Kaiſers
von Oeſterreich, und der Könige von Preuſſen, von Dänemark und der Niederlande, und zwar der Kaiſer von
Oeſterreich und der König von Preuſſen, beide für ihre
geſammten, vormals zum teutſchen Reich gehörigen Beſitzungen,
der König von Dänemark für Holſtein, der König
der Niederlande für das Großherzogthum Luxemburg.

vereinigen sich zu einem beständigen Bunde, welcher der
Teutsche Bund heißen soll.

Art. 2. Der Zweck desselben ist: Erhaltung der äußeren
und inneren Sicherheit Teutschlands, und der Unabhängigkeit und Unverletzbarkeit der einzelnen teutschen Staaten.

Art. 4. Die Angelegenheiten des Bundes werden durch
eine Bundesversammlung besorgt, in welcher alle Glieder
desselben durch ihre Bevollmächtigten, theils einzelne theils
GesammtStimmen folgendermasen, jedoch unbeschadet ihres
Ranges, führen:

1) Oesterreich 1 Stimme. 2) Preussen 1 St. 3) Baiern 1 St.
4) Sachsen 1 St. 5) Hannover 1 St. 6) Würtemberg 1 St.
7) Baden 1 St. 8) Kurhessen 1 St. 9) Großherzogthum Hessen
1 St. 10) Dänemark, wegen Holstein 1 St. 11) Niederlande, wegen des Großherzogthums Luxemburg 1 St.
12) Die großherzoglich- und herzoglich-sächsischen Häuser
1 St. 13) Braunschweig und Nassau 1 St. 14) Mecklenburg-Schwerin und Mecklenburg-Strelitz 1 St. 15) Holstein-
Oldenburg, Anhalt und Schwarzburg 1 St. 16) Hohenzollern, Lichtenstein, Reuß, Schaumburg-Lippe, Lippe und
Walbeck 1 St. 17) Die freien Städte, Lübeck, Frankfurt,
Bremen und Hamburg 1 St. Zusammen 17 Stimmen.

Art. 6. Wo es auf Abfassung und Abänderung von
Grundgesetzen des Bundes, auf Beschlüsse, welche die
Bundes-Acte selbst betreffen, auf organische Bundesein-
richtungen und auf gemeinnützige Anordnungen sonstiger
Art ankommt, bildet sich die Versammlung zu einem
Plenum, wobei jedoch, mit Rücksicht auf die Verschiedenheit
der Größe der einzelnen BundesStaaten, folgende Berech-
nung und Vertheilung der Stimmen verabredet ist:

1) Oesterreich erhält 4 Stimmen. 2) Preussen 4 St.
3) Sachsen 4 St. 4) Baiern 4 St. 5) Hannover 4 St.
6) Würtemberg 4 St. 7) Baden 3 St. 8) Kurhessen 3 St.
9) Großherzogthum Hessen 3 St. 10) Holstein 3 St.
11) Luxemburg 3 St. 12) Braunschweig 2 St. 13) Mecklen-
burgSchwerin 2 St. 14) Nassau 2 St. 15) Sachsen

Weimar 1 St. 16) Sachsen Gotha 1 St. 17) Sachsen
Coburg 1 St. 18) SachsenMeiningen 1 St. 19) Sachsen
Hildburghausen 1 St. 20) Mecklenburg Strelitz 1 St.
21) HolsteinOldenburg 1 St. 22) AnhaltDessau 1 St.
23) AnhaltBernburg 1 St. 24) AnhaltCöthen 1 St.
25) Schwarzburg=Sondershausen 1 St. 26) Schwarzburg=
Rudolstadt 1 St. 27) Hohenzollern = Hechingen 1 St.
28) Lichtenstein 1 St. 29) Hohenzollern=Sigmaringen 1 St.
30) Waldeck 1 St. 31) Reuß, ältere Linie 1 St. 32) Reuß,
jüngere Linie 1 St. 33) Schaumburg=Lippe 1 St. 34) Lippe
1 St. 35) Die freie Stadt Lübeck 1 St. 36) Die freie
Stadt Frankfurt 1 St. 37) Die freie Stadt Bremen 1 St.
38) Die freie Stadt Hamburg 1 St. Zusammen 69 Stimmen.

Ob den mediatisirten vormaligen Reichsständen auch
einige CuriatStimmen in Pleno zugestanden werden sollen,
wird die Bundesversammlung bei der Berathung der or=
ganischen Bundesgesetze in Erwägung nehmen.

Art. 7. In wiefern ein Gegenstand nach obiger Be=
stimmung für das Plenum geeignet sey, wird in der engern
Versammlung durch Stimmenmehrheit entschieden.

Die der Entscheidung des Pleni zu unterziehenden
Beschluß=Entwürfe, werden in der engern Versammlung
vorbereitet, und bis zur Annahme oder Verwerfung
zur Reife gebracht. Sowohl in der engern Versammlung
als in Pleno werden die Beschlüsse nach der Mehrheit der
Stimmen gefaßt; jedoch in der Art, daß in der ersten
die absolute, in den letztern aber nur eine auf zwei Dritttheile
der Abstimmung beruhende Mehrheit entscheidet. Bei
Stimmengleichheit in der engeren Versammlung steht dem
Vorsitzenden die Entscheidung zu.

Wo es aber auf Annahme oder Abänderung der
Grundgesetze, auf organische Bundeseinrichtungen, auf
jura singulorum oder Religions=Angelegenheiten ankommt,
kann, weder in der engeren Versammlung noch im Pleno,
ein Beschluß durch Stimmenmehrheit gefaßt werden.

Die Bundesversammlung ist beständig, hat aber die

Befugniß, wenn die ihrer Berathung unterzogenen Gegen=
stände erlediget sind, auf eine bestimmte Zeit, jedoch nicht
auf länger als vier Monate, sich zu vertagen.

Alle näheren, die Vertagung und die Besorgung der
etwa während derselben vorkommenden bringenden Geschäfte
betreffenden Bestimmungen, werden der Bundesversammlung
bei Abfassung der organischen Gesetze vorbehalten.

Art. 10. Das erste Geschäft der Bundesversammlung
nach ihrer Eröffnung wird die Abfassung der Grundgesetze
des Bundes, und dessen organische Einrichtung in Rück=
sicht auf seine auswärtigen, militärischen und inneren Ver=
hältnisse, seyn.

Art. 11. Alle Mitglieder des Bundes versprechen, so=
wohl ganz Teutschland als jeden einzelnen Bundesstaat
gegen jeden Angriff in Schutz zu nehmen, und garantiren
sich gegenseitig ihre sämmtlichen, unter dem Bunde be=
griffenen Besitzungen.

Bei einmal erklärtem Bundeskrieg, darf kein Mitglied
einseitige Unterhandlungen mit dem Feinde eingehen, noch
einseitig Waffenstillstand oder Frieden schliessen.

Die Bundesglieder behalten zwar das Recht der Bünd=
nisse aller Art, verpflichten sich jedoch, in keine Verbin=
dungen einzugehen, welche gegen die Sicherheit des Bundes
oder einzelner Bundesstaaten gerichtet wären.

Die Bundesglieder machen sich ebenfalls verbindlich,
einander unter keinerlei Vorwand zu bekriegen, noch ihre
Streitigkeiten mit Gewalt zu verfolgen, sondern sie bei der
Bundesversammlung anzubringen. Dieser liegt alsdann ob,
die Vermittlung durch einen Ausschuß zu versuchen, und falls
dieser Versuch fehlschlagen sollte, und demnach eine richter=
liche Entscheidung nothwendig würde, solche durch eine wohl=
geordnete Austrägal=Instanz zu bewirken, deren Ausspruch
die streitenden Theile sich sofort zu unterwerfen haben.

Art. 18. Die verbündeten Fürsten und freien Städte
kommen überein, den Unterthanen der teutschen Bundes=
staaten folgende R e c h t e zuzusichern.

a) Grundeigenthum auſſerhalb des Staates, den ſie bewohnen, zu erwerben und zu beſitzen, ohne deßhalb in dem fremden Staate mehreren Abgaben und Laſten unterworfen zu ſeyn, als deſſen eigene Unterthanen.

b) die Befugniß:

1. des freien Wegziehens aus einem teutſchen Bundesſtaat in den andern, der erweislich ſie zu Unterthanen annehmen will; auch

2. in Civil= und MilitärDienſte deſſelben zu treten.

Beides jedoch nur, in ſo fern keine Verbindlichkeit zu MilitärDienſten gegen das bisherige Vaterland im Wege ſtehe. Und damit, wegen der dermal vorwaltenden Verſchiedenheit der geſetzlichen Vorſchriften über MilitärPflichtigkeit, hierunter nicht ein ungleichartiges, für einzelne Bundesſtaaten nachtheiliges, Verhältniß entſtehen möge, ſo wird bei der Bundesverſammlung die Einführung möglichſt gleichförmiger Grundſätze über dieſen Gegenſtand in Berathung genommen werden.

c) die Freiheit von aller Nachſteuer (jus detractus, gabella emigrationis), in ſo fern das Vermögen in einen andern teutſchen Bundesſtaat übergeht, und mit dieſem nicht beſondere Verhältniſſe durch Freizügigkeits=Verträge beſtehen.

d) Die Bundesverſammlung wird ſich, bei ihrer erſten Zuſammenkunft, mit Abfaſſung gleichförmiger Verfügungen über die Preßfreiheit und Sicherſtellung der Rechte der Schriftſteller und Verleger gegen den Nachdruck beſchäftigen.

5. Karlsbader Beſchlüſſe.

Entwurf zur Beſtellung einer Central=Behörde zur nähern Unterſuchung der in mehreren Bundesſtaaten entdeckten revolutionären Umtriebe.

Vom 20. September 1819.

(Protokolle der BV. 1819, S. 669—71; Beſchluß: ib. S. 671; Preuß. GS. S. 222—224; v. Meyer 2, S. 99 f.; Michaelis, S. 656—659, — wo überall auch die andern der ſog. Karlsbader Beſchlüſſe; Auswahl: Schilling, S. 409—411.)

Art. 1. Innerhalb vierzehn Tagen, von der Faſſung gegenwärtigen Beſchluſſes anzurechnen, verſammelt ſich in der Stadt und Bundesfestung Mainz eine aus sieben Mitgliedern, mit Einschluß eines Vorsitzenden, zusammengesetzte, außerordentliche, von dem Bunde ausgehende Central-Untersuchungs-Commission.

Art. 2. Der Zweck dieser Commission ist, gemeinschaftliche, möglichst gründliche und umfassende Untersuchung und Feststellung des Thatbestandes, des Ursprungs und der mannigfachen Verzweigungen der gegen die bestehende Verfassung und innere Ruhe, sowohl des ganzen Bundes, als einzelner Bundesstaaten, gerichteten revolutionären Umtriebe und demagogischen Verbindungen, von welchen nähere oder entferntere Indicien bereits vorliegen, oder sich in dem Laufe der Untersuchung ergeben möchten.

Art. 5. Um ihren Zweck zu erreichen, wird die Central-Untersuchungs-Commission die Oberleitung der in verschiedenen Bundesstaaten theils schon angefangenen, theils vielleicht noch anzufangenden Local-Untersuchungen übernehmen.

Die Behörden, welche dergleichen Untersuchungen bisher geführt haben, oder künftig führen werden, sind von ihren Regierungen anzuweisen, die bei ihnen verhandelten Acten in möglichst kürzester Zeit an die Central-Untersuchungs-Commission entweder in Urschrift oder in Abschrift einzusenden, den von der besagten Bundes-Commission an sie gelangenden Requisitionen schleunigst und vollständigst zu willfahren, in Gemäßheit derselben die erforderlichen Untersuchungen mit möglichster Genauigkeit und Beschleunigung vorzunehmen, oder fortzusetzen, und mit Verhaftung der inculpirten Personen vorzuschreiten.

Neue, zu Entdeckungen führende Spuren sind die Localbehörden auch ohne vorläufige Anfrage bei der Central-Untersuchungs-Commission unverzüglich zu verfolgen, jedoch zugleich der letztern davon Kenntniß zu geben verpflichtet.

Ueberhaupt werden die Localbehörden von ihren obersten Landbehörden angewiesen werden, sowohl mit der Central-Bundes-Commission, als unter sich, in fortgesetzter Communication zu bleiben, und sich gegenseitig in Beziehung auf den Art. 2 der Bundesacte zu unterstützen.

Art. 7. Die Central=Bundes=Commission ist berechtiget, wenn sie es nöthig findet, ein oder das andere Individuum selbst zu vernehmen. Sie wird sich um Sistirung derselben an die obersten Staatsbehörden der Bundesglieder oder an die ihr, vermöge Artikel 6, bekannt gemachten Behörden wenden. Bei, von der Central = Commission anerkannter, unumgänglicher Nothwendigkeit sind dergleichen Personen auf die, erwähnter Maaßen an die obersten Staats= oder bereits designirten Localbehörden gerichtete Requisition der Central=Commission zu verhaften und unter sicherer Bedeckung nach Mainz abzuführen.

6. Wiener Schlußakte.

Schlußacte der über Ausbildung und Befestigung des deutschen Bundes zu Wien gehaltenen Ministerial=Conferenzen.

Vom 15. Mai 1820.

(Protokolle der DB. 1820, hinter S. 12, deutsch u. franz., Beigabe v. 28 Seiten ohne Paginier.; Martens, Suppl. 9a, S. 467—510. — Deutsch: Preuß. GS. S. 113—28; v. Meyer 2, S. 101—11; Michaelis, S. 561—84; Weil, S. 13—29.)

Art. 1. Der deutsche Bund ist ein völkerrechtlicher Verein der deutschen souverainen Fürsten und freien Städte, zur Bewahrung der Unabhängigkeit und Unverletzbarkeit ihrer im Bunde begriffenen Staaten, und zur Erhaltung der innern und äußern Sicherheit Deutschlands.

Art. 2. Dieser Verein besteht in seinem Innern als eine Gemeinschaft selbstständiger, unter sich unabhängiger Staaten, mit wechselseitigen gleichen Vertrags=Rechten und Vertrags=Obliegenheiten, in seinen äußern Verhältnissen aber als eine in politischer Einheit verbundene Gesammt=Macht.

Art. 5. Der Bund ist als ein unauflöslicher Verein gegründet, und es kann daher der Austritt aus diesem Verein keinem Mitgliede desselben frei stehen.

Art. 13. Ueber folgende Gegenstände:

1. Annahme neuer Grundgesetze, oder Abänderung der bestehenden;

2. Organische Einrichtungen, das heißt bleibende Anstalten, als Mittel zur Erfüllung der ausgesprochenen Bundeszwecke;

3. Aufnahme neuer Mitglieder in den Bund;

4. Religions-Angelegenheiten;

findet kein Beschluß durch Stimmenmehrheit statt; jedoch kann eine definitive Abstimmung über Gegenstände dieser Art nur nach genauer Prüfung und Erörterung der den Widerspruch einzelner Bundesglieder bestimmenden Gründe, deren Darlegung in keinem Falle verweigert werden darf, erfolgen.

Art. 14. Was insbesondere die organischen Einrichtungen betrifft, so muß nicht nur über die Vorfrage, ob solche unter den obwaltenden Umständen nothwendig sind, sondern auch über Entwurf und Anlage derselben in ihren allgemeinen Umrissen und wesentlichen Bestimmungen, im Plenum und durch Stimmen-Einhelligkeit entschieden werden. Wenn die Entscheidung zu Gunsten der vorgeschlagenen Einrichtung ausgefallen ist, so bleiben die sämmtlichen weiteren Verhandlungen über die Ausführung im Einzelnen der engern Versammlung überlassen, welche alle dabei noch vorkommenden Fragen durch Stimmenmehrheit entscheidet, auch, nach Befinden der Umstände, eine Kommission aus ihrer Mitte anordnet, um die verschiedenen Meinungen und Anträge mit möglichster Schonung und Berücksichtigung der Verhältnisse und Wünsche der Einzelnen auszugleichen.

Art. 15. In Fällen, wo die Bundesglieder nicht in ihrer vertragsmäßigen Einheit, sondern als einzelne, selbstständige und unabhängige Staaten erscheinen, folglich jura singulorum obwalten, oder wo einzelnen Bundesgliedern eine besondere, nicht in den gemeinsamen Verpflichtungen Aller begriffene Leistung oder Verwilligung für den Bund zugemuthet werden sollte, kann ohne freie

Zuſtimmung ſämmtlicher Betheiligten kein dieſelben ver-
bindender Beſchluß gefaßt werden.

Art. 16. Wenn die Beſitzungen eines ſouverainen
deutſchen Hauſes durch Erbfolge auf ein anderes über-
gehen, ſo hängt es von der Geſammtheit des Bundes
ab, ob und in wiefern die auf jenen Beſitzungen haftenden
Stimmen im Plenum, da im engern Rathe kein Bundes-
glied mehr als eine Stimme führen kann, dem neuen
Beſitzer beigelegt werden ſollen.

Art. 26. Wenn in einem Bundesſtaate durch Wider-
ſetzlichkeit der Unterthanen gegen die Obrigkeit die innere
Ruhe unmitelbar gefährdet, und eine Verbreitung auf-
rühreriſcher Bewegungen zu fürchten, oder ein wirklicher
Aufruhr zum Ausbruch gekommen iſt, und die Regierung
ſelbſt, nach Erſchöpfung der verfaſſungsmäßigen und geſetzlichen Mittel, den Beiſtand des Bundes anruft, ſo liegt
der Bundesverſammlung ob, die ſchleunigſte Hülfe zur
Wiederherſtellung der Ordnung zu veranlaſſen. Sollte
im letztgedachten Falle die Regierung notoriſch außer
Stande ſeyn, den Aufruhr durch eigene Kräfte zu unter-
drücken, zugleich aber durch die Umſtände gehindert werden,
die Hülfe des Bundes zu begehren, ſo iſt die Bundesverſammlung nichts deſto weniger verpflichtet, auch unauf-
gerufen zur Wiederherſtellung der Ordnung und Sicherheit
einzuſchreiten. In jedem Falle aber dürfen die verfügten
Maßregeln von keiner längern Dauer ſein, als die Regierung, welcher die bundesmäßige Hülfe geleiſtet wird,
es nothwendig erachtet.

Art. 28. Wenn die öffentliche Ruhe und geſetzliche
Ordnung in mehreren Bundesſtaaten durch gefährliche
Verbindungen und Anſchläge bedroht ſind, und dagegen
nur durch Zuſammenwirken der Geſammtheit zureichende
Maßregeln ergriffen werden können, ſo iſt die Bundes-
verſammlung befugt und berufen, nach vorgängiger Rück-
ſprache mit den zunächſt bedrohten Regierungen ſolche
Maßregeln zu berathen und zu beſchließen.

Art. 29. Wenn in einem Bundesstaate der Fall einer Justiz-Verweigerung eintritt, und auf gesetzlichen Wegen ausreichende Hülfe nicht erlangt werden kann, so liegt der Bundesversammlung ob, erwiesene, nach der Verfassung und den bestehenden Gesetzen jenes Landes zu beurtheilende Beschwerden über verweigerte oder gehemmte Rechtspflege anzunehmen, und darauf die gerichtliche Hülfe bei der Bundesregierung, die zu der Beschwerde Anlaß gegeben hat, zu bewirken.

Art. 52. Da zu Erreichung der Zwecke und Besorgung der Angelegenheiten des Bundes von der Gesammtheit der Mitglieder Geldbeiträge zu leisten sind, so hat die Bundesversammlung

1. den Betrag der gewöhnlichen verfassungsmäßigen Ausgaben, so weit solches im Allgemeinen geschehen kann, festzusetzen;

2. in vorkommenden Fällen die zur Ausführung besonderer, in Hinsicht auf anerkannte Bundeszwecke gefaßten Beschlüsse erforderlichen außerordentlichen Ausgaben und die zur Bestreitung derselben zu leistenden Beiträge zu bestimmen;

3. das matrikelmäßige Verhältniß, nach welchem von den Mitgliedern des Bundes beizutragen ist, festzusetzen;

4. die Erhebung, Verwendung und Verrechnung der Beiträge anzuordnen und darüber die Aufsicht zu führen.

Art. 54. Da nach dem Sinn des dreizehnten Artikels der Bundesacte und den darüber erfolgten späteren Erklärungen in allen Bundesstaaten landständische Verfassungen statt finden sollen, so hat die Bundesversammlung darüber zu wachen, daß diese Bestimmung in keinem Bundesstaat unerfüllt bleibe.

Art. 55. Den souverainen Fürsten der Bundesstaaten bleibt überlassen, diese innere Landesangelegenheit, mit Berücksichtigung sowohl der früherhin gesetzlich bestandenen

ständischen Rechte, als der gegenwärtig obwaltenden Verhältnisse zu ordnen.

Art. 56. Die in anerkannter Wirksamkeit bestehenden
landständischen Verfassungen können nur auf verfassungs-
mäßigem Wege wieder abgeändert werden.

Art. 57. Da der deutsche Bund, mit Ausnahme der
freien Städte, aus souverainen Fürsten besteht, so muß,
dem hierdurch gegebenen Grundbegriffe zufolge, die gesammte Staatsgewalt in dem Oberhaupte des Staats
vereinigt bleiben, und der Souverain kann durch eine
landständische Verfassung nur in der Ausübung bestimmter
Rechte an die Mitwirkung der Stände gebunden werden.

Art. 59. Wo die Oeffentlichkeit landständischer Verhandlungen durch die Verfassung gestattet ist, muß durch
die Geschäftsordnung dafür gesorgt werden, daß die
gesetzlichen Grenzen der freien Aeußerung, weder bei den
Verhandlungen selbst, noch bei deren Bekanntmachung
durch den Druck, auf eine die Ruhe des einzelnen Bundesstaats oder des gesammten Deutschlands gefährdende Weise
überschritten werden.

Art. 60. Wenn von einem Bundesgliede die Garantie
des Bundes für die in seinem Lande eingeführte landständische Verfassung nachgesucht wird, so ist die Bundesversammlung berechtigt, solche zu übernehmen. Sie erhält
dadurch die Befugniß, auf Anrufung der Betheiligten, die
Verfassung aufrecht zu erhalten, und die über Auslegung
oder Anwendung derselben entstandenen Irrungen, so fern
dafür nicht anderweitig Mittel und Wege gesetzlich vorgeschrieben sind, durch gütliche Vermittelung oder compro-
missarische Entscheidung beizulegen.

Art. 64. Wenn Vorschläge zu gemeinnützigen Anordnungen, deren Zweck nur durch die zusammenwirkende
Theilnahme aller Bundesstaaten vollständig erreicht werden
kann, von einzelnen Bundesgliedern an die Bundesversammlung gebracht werden, und diese sich von der
Zweckmäßigkeit und Ausführbarkeit solcher Vorschläge im

Allgemeinen überzeugt, so liegt ihr ob, die Mittel zur Vollführung derselben in sorgfältige Erwägung zu ziehen, und ihr anhaltendes Bestreben dahin zu richten, die zu dem Ende erforderliche freiwillige Vereinbarung unter den sämmtlichen Bundesgliedern zu bewirken.

7. Die Paulskirche.
Verfassung des deutschen Reiches.
Vom 28. März 1849.

(Reichsgesetzbl., Frankf., 16tes Stück, S. 101—47; Weil, S. 133—52.)

Abschnitt III.   Das Reichsoberhaupt.

Art. 1. § 68. Die Würde des Reichsoberhauptes wird einem der regierenden deutschen Fürsten übertragen.

§ 69. Diese Würde ist erblich im Hause des Fürsten, dem sie übertragen worden. Sie vererbt im Mannsstamme nach dem Rechte der Erstgeburt.

§ 70. Das Reichsoberhaupt führt den Titel: Kaiser der Deutschen.

§ 71. Die Residenz des Kaisers ist am Sitze der Reichsregierung. Wenigstens während der Dauer des Reichstags wird der Kaiser dort bleibend residiren.

So oft sich der Kaiser nicht am Sitze der Reichsregierung befindet, muß einer der Reichsminister in seiner unmittelbaren Umgebung sein.

Die Bestimmungen über den Sitz der Reichsregierung bleiben einem Reichsgesetz vorbehalten.

§ 72. Der Kaiser bezieht eine Civilliste, welche der Reichstag festsetzt.

Art. II. § 73. Die Person des Kaisers ist unverletzlich.

Der Kaiser übt die ihm übertragene Gewalt durch verantwortliche von ihm ernannte Minister aus.

§ 74. Alle Regierungshandlungen des Kaisers bedürfen zu ihrer Gültigkeit der Gegenzeichnung von wenigstens einem der Reichsminister, welcher dadurch die Verantwortung übernimmt.

Art. III. § 75. Der Kaiser übt die völkerrechtliche Vertretung des deutschen Reiches und der einzelnen deutschen Staaten aus. Er stellt die Reichsgesandten und die Consuln an und führt den diplomatischen Verkehr.

§ 76. Der Kaiser erklärt Krieg und schließt Frieden.

§ 77. Der Kaiser schließt die Bündnisse und Verträge mit den auswärtigen Mächten ab, und zwar unter Mitwirkung des Reichstages, insoweit diese in der Verfassung vorbehalten ist.

§ 78. Alle Verträge nicht rein privatrechtlichen Inhalts, welche deutsche Regierungen unter sich oder mit auswärtigen Regierungen abschließen, sind dem Kaiser zur Kenntnißnahme, und insofern das Reichsinteresse dabei betheiligt ist, zur Bestätigung vorzulegen.

§ 79. Der Kaiser beruft und schließt den Reichstag; er hat das Recht, das Volkshaus aufzulösen.

§ 80. Der Kaiser hat das Recht des Gesetzvorschlages. Er übt die gesetzgebende Gewalt in Gemeinschaft mit dem Reichstage unter den verfassungsmäßigen Beschränkungen aus. Er verkündigt die Reichsgesetze und erläßt die zur Vollziehung derselben nöthigen Verordnungen.

§ 81. In Strafsachen, welche zur Zuständigkeit des Reichsgerichts gehören, hat der Kaiser das Recht der Begnadigung und Strafmilderung. Das Verbot der Einleitung oder Fortsetzung von Untersuchungen kann der Kaiser nur mit Zustimmung des Reichstages erlassen.

Zu Gunsten eines wegen seiner Amtshandlungen verurtheilten Reichsministers kann der Kaiser das Recht der Begnadigung und Strafmilderung nur dann ausüben, wenn dasjenige Haus, von welchem die Anklage ausgegangen ist, darauf anträgt. Zu Gunsten von Landesministern steht ihm ein solches Recht nicht zu.

§ 82. Dem Kaiser liegt die Wahrung des Reichsfriedens ob.

§ 83. Der Kaiser hat die Verfügung über die bewaffnete Macht.

§ 84. Ueberhaupt hat der Kaiser die Regierungsgewalt in allen Angelegenheiten des Reiches nach Maaßgabe der Reichsverfassung. Ihm als Träger dieser Gewalt stehen diejenigen Rechte und Befugnisse zu, welche in der Reichsverfassung der Reichsgewalt beigelegt und dem Reichstage nicht zugewiesen sind.

Abschnitt IV. Der Reichstag.

Art. I. § 85. Der Reichstag besteht aus zwei Häusern, dem Staatenhaus und dem Volkshaus.

Art. II. § 86. Das Staatenhaus wird gebildet aus den Vertretern der deutschen Staaten.

§ 87. Die Zahl der Mitglieder vertheilt sich nach folgendem Verhältniß: Preußen 40 Mitglieder; Desterreich 38 Mitglieder; Bayern 18 Mitglieder; Sachsen 10 Mitglieder; Hannover 10 Mitglieder; Würtemberg 10 Mitglieder; Baden 9 Mitglieder; Kurhessen 6 Mitglieder; Großherzogthum Hessen 6 Mitglieder; Holstein (-Schleswig, s. Reich §. 1) 6 Mitglieder; Mecklenburg-Schwerin 4 Mitglieder; Luxemburg-Limburg 3 Mitglieder; Nassau 3 Mitglieder; Braunschweig 2 Mitglieder; Oldenburg 2 Mitglieder; Sachsen-Weimar 2 Mitglieder; Sachsen-Coburg-Gotha 1 Mitglied; Sachsen-Meiningen-Hildburghausen 1 Mitglied; Sachsen-Altenburg 1 Mitglied; Mecklenburg-Strelitz 1 Mitglied; Anhalt-Dessau 1 Mitglied; Anhalt-Bernburg 1 Mitglied; Anhalt-Köthen 1 Mitglied; Schwarzburg-Sondershausen 1 Mitglied; Schwarzburg-Rudolstadt 1 Mitglied; Hohenzollern-Hechingen 1 Mitglied; Liechtenstein 1 Mitglied; Hohenzollern-Sigmaringen 1 Mitglied; Waldeck 1 Mitglied; Reuß ältere Linie 1 Mitglied; Reuß jüngere Linie 1 Mitglied; Schaumburg-Lippe 1 Mitglied; Lippe-Detmold 1 Mitglied; Hessen-Homburg 1 Mitglied; Lauenburg 1 Mitglied; Lübeck 1 Mitglied; Frankfurt 1 Mitglied; Bremen 1 Mitglied; Hamburg 1 Mitglied; [zusammen] 192 Mitglieder.

So lange die deutsch-österreichischen Lande an dem

Bundesstaate nicht Theil nehmen, erhalten nachfolgende Staaten eine größere Anzahl von Stimmen im Staatenhause, nämlich: Bayern 20; Sachsen 12; Hannover 12; Würtemberg 12; Baden 10; Großherzogthum Hessen 8; Kurhessen 7; Nassau 4; Hamburg 2.

§ 88. Die Mitglieder des Staatenhauses werden zur Hälfte durch die Regierung und zur Hälfte durch die Volksvertretung der betreffenden Staaten ernannt . . .

§ 92. Die Mitglieder des Staatenhauses werden auf sechs Jahre gewählt. Sie werden alle drei Jahre zur Hälfte erneuert . . .

Art. III. § 93. Das Volkshaus besteht aus den Abgeordneten des deutschen Volkes.

§ 94. Die Mitglieder des Volkshauses werden für das erste Mal auf vier Jahre, demnächst immer auf drei Jahre gewählt.

Die Wahl geschieht nach den in dem Reichswahlgesetze enthaltenen Vorschriften.

Art. IV. § 95. Die Mitglieder des Reichstages beziehen aus der Reichskasse ein gleichmäßiges Tagegeld und Entschädigung für ihre Reisekosten. Das Nähere bestimmt ein Reichsgesetz.

§ 96. Die Mitglieder beider Häuser können durch Instruktionen nicht gebunden werden.

§ 97. Niemand kann gleichzeitig Mitglied von beiden Häusern sein.

Art. V. § 98. Zu einem Beschluß eines jeden Hauses des Reichstages ist die Theilnahme von wenigstens der Hälfte der gesetzlichen Anzahl seiner Mitglieder und die einfache Stimmenmehrheit erforderlich.

Im Falle der Stimmengleichheit wird ein Antrag als abgelehnt betrachtet.

§ 99. Das Recht des Gesetzvorschlages, der Beschwerde, der Adresse und der Erhebung von Thatsachen, sowie der Anklage der Minister steht jedem Hause zu.

§ 100. Ein Reichstagsbeschluß kann nur durch die

Uebereinstimmung beider Häuser gültig zu Stande kommen.

§ 101. Ein Reichstagsbeschluß, welcher die Zustimmung der Reichsregierung nicht erlangt hat, darf in derselben Sitzungsperiode nicht wiederholt werden. Ist von dem Reichstage in drei sich unmittelbar folgenden ordentlichen Sitzungsperioden derselbe Beschluß unverändert gefaßt worden, so wird derselbe, auch wenn die Zustimmung der Reichsregierung nicht erfolgt, mit dem Schlusse des dritten Reichstages zum Gesetz. Eine ordentliche Sitzungsperiode, welche nicht wenigstens vier Wochen dauert, wird in dieser Reihenfolge nicht mitgezählt.

§ 102. Ein Reichstagsbeschluß ist in folgenden Fällen erforderlich:

1) Wenn es sich um die Erlassung, Aufhebung, Abänderung oder Auslegung von Reichsgesetzen handelt.

2) Wenn der Reichshaushalt festgestellt wird, wenn Anleihen contrahirt werden, wenn das Reich eine im Budget nicht vorgesehene Ausgabe übernimmt, oder Matrikularbeiträge oder Steuern erhebt.

3) Wenn fremde See- und Flußschifffahrt mit höheren Abgaben belegt werden soll.

4) Wenn Landesfestungen zu Reichsfestungen erklärt werden sollen.

5) Wenn Handels-, Schifffahrts- und Auslieferungsverträge mit dem Auslande geschlossen werden, sowie überhaupt völkerrechtliche Verträge, insofern sie das Reich belasten.

6) Wenn nicht zum Reich gehörige Länder oder Landestheile dem deutschen Zollgebiete angeschlossen, oder einzelne Orte oder Gebietstheile von der Zolllinie ausgeschlossen werden sollen.

7) Wenn deutsche Landestheile abgetreten, oder wenn nichtdeutsche Gebiete dem Reiche einverleibt oder auf andere Weise mit demselben verbunden werden sollen.

§ 103. Bei Feststellung des Reichshaushaltes treten folgende Bestimmungen ein:

1) Alle die Finanzen betreffenden Vorlagen der Reichsregierung gelangen zunächst an das Volkshaus.

2) Bewilligungen von Ausgaben dürfen nur auf Antrag der Reichsregierung und bis zum Belauf dieses Antrages erfolgen. Jede Bewilligung gilt nur für den besonderen Zweck, für welchen sie bestimmt worden. Die Verwendung darf nur innerhalb der Grenze der Bewilligung erfolgen.

3) Die Dauer der Finanzperiode und Budgetbewilligung ist ein Jahr.

4) Das Budget über die regelmäßigen Ausgaben des Reiches und über den Reservefond, so wie über die für beides erforderlichen Deckungsmittel, wird auf dem ersten Reichstage durch Reichstagsbeschlüsse festgestellt. Eine Erhöhung dieses Budgets auf späteren Reichstagen erfordert gleichfalls einen Reichstagsbeschluß.

5) Dieses ordentliche Budget wird auf jedem Reichstage zuerst dem Volkshause vorgelegt, von diesem in seinen einzelnen Ansätzen nach den Erläuterungen und Belegen, welche die Reichsregierung vorzulegen hat, geprüft und ganz oder theilweise bewilligt oder verworfen.

6) Nach erfolgter Prüfung und Bewilligung durch das Volkshaus wird das Budget an das Staatenhaus abgegeben. Diesem steht, innerhalb des Gesammtbetrages des ordentlichen Budgets, so wie derselbe auf dem ersten Reichstage oder durch spätere Reichstagsbeschlüsse festgestellt ist, nur das Recht zu, Erinnerungen und Ausstellungen zu machen, über welche das Volkshaus endgültig beschließt.

7) Alle außerordentlichen Ausgaben und deren Deckungsmittel bedürfen, gleich der Erhöhung des ordentlichen Budgets, eines Reichstagsbeschlusses.

8) Die Nachweisung über die Verwendung der Reichs-
gelder wird dem Reichstage, und zwar zuerst dem Volkshause, zur Prüfung und zum Abschluß vorgelegt.

Art. VI. § 104. Der Reichstag versammelt sich jedes
Jahr am Sitze der Reichsregierung. Die Zeit der Zu-
sammenkunft wird vom Reichsoberhaupt bei der Einberufung
angegeben, insofern nicht ein Reichsgesetz dieselbe festsetzt.

Außerdem kann der Reichstag zu außerordentlichen
Sitzungen jederzeit vom Reichsoberhaupt einberufen werden.

Abschnitt V. Das Reichsgericht.

Art. I. § 125. Die dem Reiche zustehende Gerichtsbarkeit wird durch ein Reichsgericht ausgeübt.

§ 126. Zur Zuständigkeit des Reichsgerichts gehören:

a) Klagen eines Einzelstaates gegen die Reichsgewalt
wegen Verletzung der Reichsverfassung durch Erlassung von Reichsgesetzen und durch Maaßregeln
der Reichsregierung, sowie Klagen der Reichsgewalt
gegen einen Einzelstaat wegen Verletzung der Reichsverfassung.

b) Streitigkeiten zwischen dem Staatenhause und dem
Volkshause unter sich und zwischen jedem von ihnen
und der Reichsregierung, welche die Auslegung der
Reichsverfassung betreffen, wenn die streitenden
Theile sich vereinigen, die Entscheidung des Reichs-
gerichts einzuholen.

c) Politische und privatrechtliche Streitigkeiten aller Art
zwischen den einzelnen deutschen Staaten.

d) Streitigkeiten über Thronfolge, Regierungsfähigkeit
und Regentschaft in den Einzelstaaten.

e) Streitigkeiten zwischen der Regierung eines Einzelstaates und dessen Volksvertretung über die Gültigkeit oder Auslegung der Landesverfassung.

f) Klagen der Angehörigen eines Einzelstaates gegen die
Regierung desselben, wegen Aufhebung oder ver-
fassungswidriger Veränderung der Landesverfassung.

Klagen der Angehörigen eines Einzelstaates gegen die Regierung wegen Verletzung der Landesverfassung können bei dem Reichsgericht nur angebracht werden, wenn die in der Landesverfassung gegebenen Mittel der Abhülfe nicht zur Anwendung gebracht werden können.

g) Klagen deutscher Staatsbürger wegen Verletzung der durch die Reichsverfassung ihnen gewährten Rechte. Die näheren Bestimmungen über den Umfang dieses Klagerechts und die Art und Weise, dasselbe geltend zu machen, bleiben der Reichsgesetzgebung vorbehalten.

h) Beschwerden wegen verweigerter oder gehemmter Rechtspflege, wenn die landesgesetzlichen Mittel der Abhülfe erschöpft sind.

i) Strafgerichtsbarkeit über die Anklagen gegen die Reichsminister, insofern sie deren ministerielle Verantwortlichkeit betreffen.

k) Strafgerichtsbarkeit über die Anklagen gegen die Minister der Einzelstaaten, insofern sie deren ministerielle Verantwortlichkeit betreffen.

l) Strafgerichtsbarkeit in den Fällen des Hoch- und Landesverraths gegen das Reich.

Ob noch andere Verbrechen gegen das Reich der Strafgerichtsbarkeit des Reichsgerichts zu überweisen sind, wird späteren Reichsgesetzen vorbehalten.

m) Klagen gegen den Reichsfiscus.

n) Klagen gegen deutsche Staaten, wenn die Verpflichtung, dem Anspruche Genüge zu leisten, zwischen mehreren Staaten zweifelhaft oder bestritten ist, so wie wenn die gemeinschaftliche Verpflichtung gegen mehrere Staaten in einer Klage geltend gemacht wird.

8. Bismarcks Frankfurter Vermächtnis.

Denkschrift betr. die Nothwendigkeit der Inaugurirung einer selbständigen Preußisch=deutschen Politik.

Vom März 1858.

(Poschinger, Preußen am Bundestage 1851—59. Bd. 3. Leipzig 1882. S. 487—514.)

Bis zum Jahre 1848 wurde der deutsche Bund, welches auch die theoretischen Ansprüche an ihn sein mochten, that= sächlich doch nur als ein Schutzverein der deutschen Re= gierungen gegen Krieg und Revolution behandelt. Öster= reich ließ damals im Allgemeinen die Preußische Politik in Deutschland gewähren, und nahm als Kaufpreis für diese Concession die Unterstützung Preußens in Europäischen Fragen entgegen; in Deutschland begnügte sich das Wiener Cabinet, nach Möglichkeit dafür zu sorgen, daß Preußen den ihm überlassenen Spielraum nur innerhalb gewisser Grenzen nutzbar mache. Zu diesem Behuf wurde ins= besondere der Geschäftskreis des Bundes auf wenige und verhältnißmäßig unwichtige Angelegenheiten beschränkt, das Widerspruchsrecht und die Unabhängigkeit der einzelnen Regierungen aber mit Schonung gepflegt; Angelegenheiten, über welche Österreich und Preußen nicht einverstanden waren, gelangten nicht zur Verhandlung; eine aus den Protokollen ersichtliche Meinungsverschiedenheit beider Groß= mächte gehörte zu den Seltenheiten; ein offener Streit ihrer beiden Vertreter in den Sitzungen war etwas Uner= hörtes und wurde, als Gefahr für das Bestehen des Bundes, unter allen Umständen vermieden. . .

Ein ganz anderes Bild gewähren die Verhandlungen am Bundestage seit der Reactivirung im Jahre 1851. Der Fürst Schwarzenberg nahm den Plan auf, die Hege= monie über Deutschland, zu welcher Preußen durch die constituirenden Versammlungen und die Unionsversuche nicht hatte gelangen können, für Österreich durch die Mittel zu gewinnen, welche demselben die bestehende Bundes=

verfassung darbietet. Der Gedanke lag nahe, nachdem
Österreichs innere Organisation eine Richtung genommen
hatte, in welcher bauernde Erfolge nur durch Anlehnung
an Deutschland, behufs der Kräftigung des verhältnißmäßig wenig zahlreichen deutschen Elementes im Kaiser-
staat, erreicht werden konnten. Die Durchführung des
Planes war möglich, wenn es Österreich gelang, sich der
Majorität am Bunde auf die Dauer zu versichern, demnächst die Competenz des Bundes und seiner Majoritätsbeschlüsse zu erweitern, und wenn Preußen die Macht oder
der Wille fehlte, erfolgreichen Widerstand zu leisten. Der
Augenblick war für eine solche Conception ein sehr günstiger.

... Zur Erhaltung und Förderung dieser Stimmungen hat
Österreich mannigfache, nur ihm zu Gebote stehende Mittel.

In erster Linie stehen dabei die Personalbeziehungen,
in welchen sich die Mehrzahl der politisch hervorragenden
und einflußreichen Leute in Süd- und zum Theil auch in
Norddeutschland befinden.

Schon aus althergebrachter Gewohnheit geht der Adel der
süd- und mitteldeutschen Staaten in Österreichische Dienste;
die Kleinheit seiner heimischen Verhältnisse bietet nur zu
beschränkter Laufbahn Aussicht, und die in Österreich zu
einem mäßigen Fortkommen erforderlichen Anstrengungen
und Kenntnisse beschränken sich auf ein geringeres Maß
als in den übrigen Bundesstaaten. Diesen Dispositionen
kommt Österreich bereitwillig entgegen. So bald Angehörige eines einflußreichen Beamten, eines Ministers oder
Gesandten, in dem Alter sind, daß über die Wahl ihrer
Laufbahn entschieden werden kann, finden sie sich von
Österreichischen Werbern mit glänzenden Versprechungen
umgeben, und es kommt vor, daß 16jährige junge Leute,
welche niemals ein Regiment gesehen haben, Offizierspatente
zugestellt erhalten, ohne daß noch darum gebeten worden ist.

Einmal in Österreich angestellt, dienen dieselben als
Geißel für die Ergebenheit ihrer Väter, und demnächst
zur Unterhaltung der Beziehungen Österreichs zu ihren

in Deutschland bei den Höfen und im Staatsdienst an=
gestellten Verwandten. . . . .

Ferner stehen den Bestrebungen Österreichs in ganz
Deutschland, besonders aber im Süden und Westen die
Sympathien der Mehrheit unter den Industriellen und
Geldmännern zur Seite, welche auf verschiedenen Wegen
Vortheile von Österreich ziehen, oder von dessen Zollsystem
erwarten. Gerade eine der schwächsten Seiten dieses
Kaiserstaates, nämlich sein Finanzsystem, ist für denselben
eine erhebliche Quelle politischen Einflusses. Wie der
Arzt an einem Kranken, der gut bezahlt, so hängen die
Capitalisten an Österreich. Die unverhältnißmäßige Höhe der
Österreichischen Staatsschulden bringt es mit sich, daß die
Anzahl der Besitzer Österreichischer Werthpapiere sehr groß
ist, und der hohe, durchschnittlich 6 bis 7 procentige Zinsfuß
derselben, der aus ihrem niedrigen Course hervorgeht, lockt
zu Capitalanlagen in Österreichischen Schuldpapieren um
so mehr an, als von Wien aus kein Mittel verabsäumt wird,
diesen Papieren den Markt im Auslande zu öffnen und
zu erhalten. Man gewährt den Inhabern jede Er=
leichterung, ihre Zinsen unverkürzt im Auslande zu beziehen,
während beispielsweise ein Besitzer Preußischer Staats=
papiere bei dem Mangel analoger Einrichtungen mannig=
fachen Abzügen, Verlusten und Weitläufigkeiten ausgesetzt
ist, um zu seinen Zinsen zu gelangen.

Durch seine Betriebsamkeit und den hohen Zinsfuß
weiß Österreich die Unsicherheit seiner Staatsschulden im
Vergleich mit den Preußischen mehr als aufzuwiegen, und
es erreicht dabei zwei Vortheile, einmal hilft es durch
ausländisches Capital dem Mangel im Inlande ab, dann
aber, was hier hauptsächlich in Betracht kommt, wird jeder
Besitzer Österreichischer Staatspapiere ein politischer Anhänger
Österreichs, in demselben Maße, wie sein Vermögen von
dem Wohlergehen, den Erfolgen und dem darauf begründeten
Credit dieses Staates abhängig gemacht worden ist.

Die Frankfurter Geldinstitute, welchen die Österreichi=

schen Zinszahlungen anvertraut sind, vermögen Aufschluß
darüber zu geben, wie weit diese Grundlage österreichischer
Sympathien reicht, nachdem die Verwalter so mancher
fürstlicher Privatvermögen aus dem hohen Zinsfuß ein
Motiv zu Geldanlagen in Metalliques oder National-
anleihe entnommen haben.

... Im Besitz der Macht, Majoritätsbeschlüsse der
Bundesversammlung ziemlich sicher herbeizuführen, jeden-
falls solche, welche unwillkommen sind, verschleppen und
hindern zu können, hat Österreich sein Bestreben natürlich
darauf gerichtet, den Wirkungskreis des ihm dienstbaren
Instrumentes zu erweitern. Es ist zu diesem Behuf erforderlich, mehr und wichtigere Gegenstände als vor 1848
in den Kreis der Bundesgesetzgebung zu ziehen, dann
aber auch bei Beschlußnahme über dieselbe das Widerspruchsrecht der Einzelnen und der Minoritäten zu beseitigen,
und für Majoritätsbeschlüsse eine erweiterte Competenz
zu gewinnen. ...

... Einstweilen versichern sich beide Cabinette fast wöchent-
lich ihrer bundesfreundlichen Gesinnungen und ihres gegenseitigen Wohlwollens; Österreich räumt niemals ein,
etwas anderes, als Preußens wahres Wohl zu suchen, es
leugnet den ganzen Kampf der Rivalität, weist jede Annahme ehrgeiziger Partikularbestrebungen als unwürdige
Verdächtigungen mit Entrüstung zurück, und motivirt sein
Beharren bei Ansichten, welche Preußen bekämpft, allein
aus dem Bedürfniß föderaler Zwecke.

Preußen aber wird durch die hergebrachte Gewohn-
heit, den Bund stets mit achtungsvoller Phraseologie zu
umgeben, abgehalten, den Nimbus einer Fiction allseitiger
Bundesfreundlichkeit zu zerstören, und die Thatsache in's
Licht zu setzen, daß der Bund, welchem die Betheuerungen
Österreichs gelten, nichts weiter ist, als die Österreichische
Majorität im Bundespalais...

Anders würden sich die Beziehungen der deutschen
Großmächte zu einander gestalten, wenn Preußen den Ent-

schluß faßte, sie frei von der conventionellen Beimischung unwahrer Gefühlsausdrücke auf die einfachen und allein sicheren Grundlagen der beiderseitigen Interessen zurück zu führen. Dies würde geschehen, wenn Preußen und Österreich erklärte, daß es seine Betheiligung am Bunde, bei dessen jetziger Verfassung und bei der politischen Richtung der meisten Theilnehmer, auf strikte Erfüllung unzweifelhafter Pflichten beschränke, daß es über diese hinaus dem Bunde seine Mitwirkung, und der Majorität und ihrem Präsidium jedes Zugeständniß versage, daß es bestimmt ablehne, mit Österreich in eine Zolleinigung zu treten, daß es, so lange man von anderer Seite die Verträge ebenso genau beobachte, im Kriege, wenn die deutsche Bundesgrenze angegriffen werden sollte, Österreich mit dem vertragsmäßigen Bundescontingent zu Hülfe marschiren werde, daß aber jedes Entgegenkommen über die Grenze dieser Bundespflichten hinaus von dem Benehmen Österreichs gegen Preußen, und von dem Maße der Gemeinschaftlichkeit ihrer politischen Ziele abhängen werde. Nur durch solche Sprache und dem entsprechendes Verhalten dürften sich ehrliche und haltbare Beziehungen zu Österreich, und nach Umständen ein sicheres Bündniß mit demselben begründen lassen, und nur auf diesem Wege wird für den deutschen Bund die Gefahr gänzlicher Sprengung vermieden werden, welcher er durch die jetzige Überspannung der antipreußischen Bundespolitik entgegengeführt wird. In demselben Maße, wie die Preußische Regierung der Österreichischen zu erkennen gäbe, daß sie den Bundestag nicht als exclusives Organ der deutschen Interessen ansieht, daß sie deshalb entschlossen ist, Preußen nicht in der Majorität der Bundesversammlung aufgehen zu lassen, daß sie durch den Bund nichts weiter als die Erfüllung der vertragsmäßigen Bundespflicht betreiben werde, in demselben Maße werden sich auch vor dem Auge Deutschlands die Umrisse Preußens wieder in ihrer natürlichen Größe und Bedeutung abzeichnen.

Die leitende Stellung, welche Preußen vor 1848 ein=
nahm, beruhte nicht auf der Gunst der Mittelstaaten und
der Bundesversammlung, sondern auf der Thatsache, daß
Preußen in allen Richtungen staatlicher Entwickelung den
Vorsprung nahm, daß Alles, was specifisch Preußisch war, in
den übrigen Bundesstaaten als mustergültig anerkannt und
nach Kräften erstrebt wurde. Die Überstürzung dieses Ent=
wickelungsganges in der revolutionären Zeit, das dadurch
geweckte Mißtrauen der deutschen Regierungen haben noth=
wendig starke Rückschritte in dem Aufschwunge des Preußi=
schen Einflusses zur Folge gehabt. Die durch den Rück=
schlag der Bewegung erfolgte Abschwächung der vor 1848
so gewaltigen Macht der öffentlichen Meinung, und die
Neuheit des Österreichischen Auftretens als Mitbewerber,
machen es heut zu Tage schwer, die Strecke, um welche Preußen
auf seinem Wege zurückgekommen ist, wieder einzubringen.
Dennoch aber bleibt dieser Weg der einzige, um die Stel=
lung zu gewinnen, deren Preußen zur Erfüllung seiner
staatlichen Aufgaben bedarf, und seine Überlegenheit an
Mitteln auf diesem Gebiete ist im Vergleich mit Öster=
reich und den andern deutschen Staaten noch immer be=
deutend. Die Sicherheit, daß Se. M. der König von
Preußen auch dann noch Herr im Lande bleibe, wenn das
gesammte stehende Heer aus demselben herausgezogen würde,
theilt kein anderer continentaler Staat mit Preußen; auf
ihr aber beruht die Möglichkeit, einer den Anforderungen
der heutigen Zeit zusagenden Entwickelung des öffentlichen
Lebens näher zu treten, als es andere Staaten können.
Der Grad politischer Freiheit, welcher zulässig ist, ohne
die Autorität der Regierung zu beeinträchtigen, ist in
Preußen ein viel höherer als im übrigen Deutschland.
Preußen vermag seiner Landesvertretung und seiner Presse
ohne Gefahr auch in Betreff rein politischer Fragen einen
freieren Spielraum zu gewähren, als bisher. Es hat vor 1848
unter einer fast unumschränkten Regierung sich das An=
sehen der intellectuellen Spitze von Deutschland zu erringen

und zu erhalten gewußt, und würde auch jetzt unabhängig von seiner inneren Verfassung dasselbe vermögen. Nothwendig ist dazu nur, daß sein innerer Zustand ein solcher sei, der den Eindruck des einmüthigen Zusammenwirkens aller Organe und Kräfte des Landes im Auslande nicht stört und dieses Zusammenwirken im Innern auch thatsächlich fördert. Ist die heutige Verfassung Preußens eine definitive Einrichtung, so muß auch die feste Geschlossenheit der Regierungsorgane in sich, und ihr Einklang mit der Landesvertretung in einem solchen Grade erreicht werden, daß die Gesammtkraft Preußens nicht durch Reibungen im Innern vermöge einander zuwiderlaufender Strömungen theilweise gebrochen wird, sonst kann sie nach Außen hin, wenigstens im Frieden, nicht den dominirenden Eindruck auf Deutschland ausüben, welcher ihr sicher ist, wenn sie ungeschwächt zur Wirkung gelangt.

Die Königliche Gewalt ruht in Preußen auf so sicheren Grundlagen, daß die Regierung sich ohne Gefahr durch eine belebtere Thätigkeit der Landesvertretung sehr wirksame Mittel der Action auf die deutschen Verhältnisse schaffen kann. Es ist bemerkenswerth, welchen Eindruck in ganz Deutschland der Vorgang gemacht, daß die Sächsischen Kammern sich in jüngster Zeit mit der Erörterung der Bundespolitik und der Stellung Sachsens zum Bunde beschäftigt haben. Wie viel mächtiger würde dieser Eindruck gewesen sein, wenn im Schoße der Preußischen Kammern eine analoge Discussion stattgefunden hätte. Wenn Preußen seine deutsche Politik, seine Stellung zum Bunde, die Schwierigkeiten, welche es in derselben zu überwinden hat, die Bestrebungen seiner Gegner offen discutiren ließe, so würden vielleicht wenige Sitzungen des Preußischen Landtages hinreichen um den Anmaßungen der Majoritätsherrschaft am Bunde ein Ende zu machen.

Die gerade für Preußen specifisch nothwendige Bundespolitik kann durch die Publicität und durch öffentliche Besprechungen nur an Kraft gewinnen. In der Presse vermag die Wahrheit sich in der Unklarheit, welche durch

die Fälschungen der besoldeten Blätter herbeigeführt wird,
nicht Bahn zu brechen, so lange nicht der Preußischen Presse
zur Besprechung der gesammten Bundesverhältnisse das
volle Material und der höchstmöglichste Grad von Freiheit
gewährt wird. Wenn Preußen eine vom Bunde unabhängige Position nimmt, so wird es vermöge der ihm
innewohnenden Schwerkraft der natürliche Krystallisations-
punkt für solche Verbände, welche seinen Nachbarstaaten
ebenso sehr Bedürfniß sind, als ihm selbst. Dieses System
der freien, auf Kündigung geschlossenen Vereine durch
Verständigung außerhalb des Bundes ist das Gebiet, auf
welchem Preußen, unbehindert durch das Präsidium Österreichs und die Majoritätstheorien der Bundesversammlung,
seinen politischen und Verkehrsbedürfnissen genügen kann.
In solchen Verbindungen steht ihm das ganze Gewicht
seiner Größe und seine Eigenschaft als rein deutscher Staat,
die Gleichartigkeit seiner Bedürfnisse und seines Entwicke-
lungsganges mit der übrigen deutschen Bevölkerung un-
vermindert zur Seite. Die benachbarten Bundesstaaten
werden sich deshalb auch herbeilassen, Einigungen mit
Preußen auf diesem Wege zu suchen, wenn sie erst fest
überzeugt sind, daß Preußen sich am Bunde, von welchem
sie bisher noch günstigere Ergebnisse für sich erwarten,
auf dergleichen unter keinen Umständen einläßt.

Sie werden dabei um so entgegenkommender und leichter
zu behandeln sein, je mehr sie erkennen, daß Preußen
entschlossen ist, in allen Beziehungen lieber die Unbequemlichkeiten seiner zerrissenen Lage zu ertragen, als von
ihnen sich das Gesetz für sein eigenes Verhalten und seine
eigenen Interessen geben zu lassen. Denn diese Unan-
nehmlichkeiten sind für die meisten von ihnen, und namentlich
für Sachsen, Braunschweig, beide Hessen, Nassau, vermöge
ihrer Kleinheit, ihrer binnenländischen Lage und ihrer
Grenzverhältnisse zu Preußen viel schwerer auf die Dauer
zu ertragen, als für Preußen selbst, mag es sich dabei
um Zollgemeinschaft, um Eisenbahnanlagen, um gemein-

james Wechsel- und Handelsrecht, um Cartellconventionen, Posteinrichtungen, Papiergeldfragen, Bankwesen oder irgend einen anderen der Gegenstände handeln, welche die Österreichische Präsidialpolitik und die Majoritätsstaaten der Bundesgesetzgebung allmählich zu unterziehen beabsichtigen. Nur Hannover ist vermöge seiner Lage an der See und zwischen dem Osten und Westen Preußens im Verhältniß zu den übrigen deutschen Staaten mit mehr Elementen für eine unabhängige Stellung Preußen gegenüber ausgestattet, und das Einverständniß mit ihm ein zwar nicht schlechthin nothwendiger, aber doch nicht ohne große Uebelstände zu entbehrender Schlußstein für das Gebäude einer selbständigen Preußisch-deutschen Politik.

Auf allen oben genannten Gebieten kann Preußen die Ausführung jedes Planes, über den es mit Hannover einig ist, ohne erhebliche eigene Unbequemlichkeiten in Angriff nehmen, und den Anschluß Anderer abwarten. Hannover ist deshalb der einzige unter den deutschen Mittelstaaten, in Betreff dessen die deutsche Diplomatie Preußens, ohne sich durch Schwierigkeiten und Mißerfolge irre machen zu lassen, unausgesetzt alle Anstrengung und Geschicklichkeit zur Anwendung bringen sollte, um seinen guten Willen für Preußen zu gewinnen und sein Mißtrauen zu beruhigen.

Aber selbst wenn dies nicht gelänge, hat Preußen von selbständiger Benutzung der eigenen Kraft immer noch mehr zu hoffen, als von einer längeren Duldung der Bundespolitik seiner Gegner . . .

III. Das neue Reich.
9. Verfaſſung des deutſchen Reichs.
Vom 16. April 1871.

(BGB/RGB. 1871, S. 63—85; nebſt Wahlgeſ. u. A.: Stoerk, S. 1—41; Guttentagſche Textausg., No. 1, m. Ergänz. ꝛc. von L. v. Rönne. 5. Aufl. 1886.)

Seine Majeſtät der König von Preußen im Namen des Norddeutſchen Bundes, Seine Majeſtät der König von Bayern, Seine Majeſtät der König von Württemberg, Seine Königliche Hoheit der Großherzog von Baden und Seine Königliche Hoheit der Großherzog von Heſſen und bei Rhein für die ſüdlich vom Main belegenen Theile des Großherzogthums Heſſen, ſchließen einen ewigen Bund zum Schuße des Bundesgebietes und des innerhalb deſ= ſelben gültigen Rechtes, ſowie zur Pflege der Wohlfahrt des Deutſchen Volkes. Dieſer Bund wird den Namen Deutſches Reich führen und wird nachſtehende

Verfaſſung
haben.

I. Bundesgebiet.

Art. 1.[1]) Das Bundesgebiet beſteht aus den Staaten Preußen mit Lauenburg, Bayern, Sachſen, Württemberg, Baden, Heſſen, Mecklenburg-Schwerin, Sachſen=Weimar, Mecklenburg=Strelitz, Oldenburg, Braunſchweig, Sachſen= Meiningen, Sachſen = Altenburg, Sachſen = Koburg = Gotha, Anhalt, Schwarzburg=Rudolſtadt, Schwarzburg=Sonders= hauſen, Waldeck, Reuß älterer Linie, Reuß jüngerer Linie, Schaumburg=Lippe, Lippe, Lübeck, Bremen und Hamburg.

II. Reichsgeſetzgebung.

Art. 2. Innerhalb dieſes Bundesgebietes übt das Reich das Recht der Geſetzgebung nach Maßgabe des

---

[1]) Zu dem Gebiet iſt hinzugekommen Elſaß-Lothringen. (Geſ. v. 9. Juni 1871 (RGB. S. 212); vgl. Geſ. betr. die Ein= führung der Verfaſſung des Deutſchen Reichs in Elſaß=Lothringen v. 25. Juni 1874 (RGB. S. 161.)

Inhalts dieser Verfassung und mit der Wirkung aus, daß die Reichsgesetze den Landesgesetzen vorgehen. Die Reichsgesetze erhalten ihre verbindliche Kraft durch ihre Verkündigung von Reichswegen, welche vermittelst eines Reichsgesetzblattes geschieht. Sofern nicht in dem publizirten Gesetze ein anderer Anfangstermin seiner verbindlichen Kraft bestimmt ist, beginnt die letztere mit dem vierzehnten Tage nach dem Ablauf desjenigen Tages, an welchem das betreffende Stück des Reichsgesetzblattes in Berlin ausgegeben worden ist.

Art. 3. Für ganz Deutschland besteht ein gemeinsames Indigenat mit der Wirkung, daß der Angehörige (Unterthan, Staatsbürger) eines jeden Bundesstaates in jedem anderen Bundesstaate als Inländer zu behandeln und demgemäß zum festen Wohnsitz, zum Gewerbebetriebe, zu öffentlichen Aemtern, zur Erwerbung von Grundstücken, zur Erlangung des Staatsbürgerrechtes und zum Genusse aller sonstigen bürgerlichen Rechte unter denselben Voraussetzungen wie der Einheimische zuzulassen, auch in Betreff der Rechtsverfolgung und des Rechtsschutzes demselben gleich zu behandeln ist.

Kein Deutscher darf in der Ausübung dieser Befugniß durch die Obrigkeit seiner Heimath, oder durch die Obrigkeit eines anderen Bundesstaates beschränkt werden.

Diejenigen Bestimmungen, welche die Armenversorgung und die Aufnahme in den lokalen Gemeindeverband betreffen, werden durch den im ersten Absatz ausgesprochenen Grundsatz nicht berührt.

Ebenso bleiben bis auf Weiteres die Verträge in Kraft, welche zwischen den einzelnen Bundesstaaten in Beziehung auf die Uebernahme von Auszuweisenden, die Verpflegung erkrankter und die Beerdigung verstorbener Staatsangehörigen bestehen.

Hinsichtlich der Erfüllung der Militairpflicht im Verhältniß zu dem Heimathslande wird im Wege der Reichsgesetzgebung das Nöthige geordnet werden.

Dem Auslande gegenüber haben alle Deutschen gleich= mäßig Anspruch auf den Schutz des Reichs.

Art. 4. Der Beaufsichtigung Seitens des Reichs und der Gesetzgebung desselben unterliegen die nachstehenden Angelegenheiten:

1. die Bestimmungen über Freizügigkeit, Heimaths= und Niederlassungsverhältnisse, Staatsbürgerrecht, Paß= wesen und Fremdenpolizei und über den Gewerbe= betrieb, einschließlich des Versicherungswesens, soweit diese Gegenstände nicht schon durch den Artikel 3. dieser Verfassung erledigt sind, in Bayern jedoch mit Ausschluß der Heimaths= und Niederlassungs= verhältnisse, desgleichen über die Kolonisation und die Auswanderung nach außerdeutschen Ländern;

2. die Zoll= und Handelsgesetzgebung und die für die Zwecke des Reichs zu verwendenden Steuern;

3. die Ordnung des Maaß=, Münz= und Gewichts= systems, nebst Feststellung der Grundsätze über die Emission von fundirtem und unfundirtem Papier= gelde;

4. die allgemeinen Bestimmungen über das Bankwesen;

5. die Erfindungspatente;

6. der Schutz des geistigen Eigenthums;

7. Organisation eines gemeinsamen Schutzes des Deutschen Handels im Auslande, der Deutschen Schifffahrt und ihrer Flagge zur See und An= ordnung gemeinsamer konsularischer Vertretung, welche vom Reiche ausgestattet wird;

8. das Eisenbahnwesen, in Bayern vorbehaltlich der Bestimmung im Artikel 46., und die Herstellung von Land= und Wasserstraßen im Interesse der Landesvertheidigung und des allgemeinen Verkehrs;

9. der Flößerei= und Schifffahrtsbetrieb [*)] auf den

[*)] Durch Ges. v. 3. März 1873 ist hinzugefügt: „Des= gleichen die Seeschifffahrtszeichen (Leuchtfeuer, Tonnen, Baken und sonstige Tagesmarken)."

mehreren Staaten gemeinsamen Wasserstraßen und der Zustand der letzteren, sowie die Fluß- und sonstigen Wasserzölle;

10. das Post- und Telegraphenwesen, jedoch in Bayern und Württemberg nur nach Maßgabe der Be-stimmung im Artikel 52.;

11. Bestimmungen über die wechselseitige Vollstreckung von Erkenntnissen in Civilsachen und Erledigung von Requisitionen überhaupt;

12. sowie über die Beglaubigung von öffentlichen Ur-kunden;

13. die gemeinsame Gesetzgebung über das Obligationen-recht, Strafrecht, Handels- und Wechselrecht und das gerichtliche Verfahren; [3])

14. das Militairwesen des Reichs und die Kriegsmarine;

15. Maßregeln der Medizinal- und Veterinairpolizei;

16. die Bestimmungen über die Presse und das Vereins-wesen.

Art. 5. Die Reichsgesetzgebung wird ausgeübt durch den Bundesrath und den Reichstag. Die Uebereinstimmung der Mehrheitsbeschlüsse beider Versammlungen ist zu einem Reichsgesetze erforderlich und ausreichend.

Bei Gesetzesvorschlägen über das Militairwesen, die Kriegsmarine und die im Artikel 35. bezeichneten Abgaben giebt, wenn im Bundesrathe eine Meinungsverschiedenheit stattfindet, die Stimme des Präsidiums den Ausschlag, wenn sie sich für die Aufrechthaltung der bestehenden Einrichtungen ausspricht.

III. Bundesrath.

Art. 6. Der Bundesrath besteht aus den Vertretern der Mitglieder des Bundes, unter welchen die Stimm-führung sich in der Weise vertheilt, daß Preußen mit den

---

[3]) An Stelle von No. 13 ist durch Ges. v. 20. Dez. 1873 getreten: „Die gemeinsame Gesetzgebung über das gesammte bürger-liche Recht, das Strafrecht und das gerichtliche Verfahren."

ehemaligen Stimmen von Hannover, Kurheſſen, Holſtein,
Naſſau und Frankfurt . . . . 17 Stimmen

führt, Bayern	6	„
Sachſen	4	„
Württemberg	4	„
Baden	3	„
Heſſen	3	„
Mecklenburg-Schwerin . . .	2	„
Sachſen-Weimar	1	„
Mecklenburg-Strelitz	1	„
Oldenburg	1	„
Braunſchweig	2	„
Sachſen-Meiningen	1	„
Sachſen-Altenburg	1	„
Sachſen-Koburg-Gotha . . .	1	„
Anhalt	1	„
Schwarzburg-Rudolſtadt . .	1	„
Schwarzburg-Sondershauſen	1	„
Waldeck	1	„
Reuß älterer Linie	1	„
Reuß jüngerer Linie	1	„
Schaumburg-Lippe	1	„
Lippe	1	„
Lübeck	1	„
Bremen	1	„
Hamburg	1	„

zuſammen 58 Stimmen.

Jedes Mitglied des Bundes[4]) kann ſo viel Bevoll-
mächtigte zum Bundesrathe ernennen, wie es Stimmen
hat, doch kann die Geſammtheit der zuſtändigen Stimmen
nur einheitlich abgegeben werden.

Art. 7. Der Bundesrath beſchließt:

1. über die dem Reichstage zu machenden Vorlagen
und die von demſelben gefaßten Beſchlüſſe;

---

[4]) Elſaß-Lothringen ſ. Geſ. v. 4. Juli 1879 (RGB. S. 165), § 7.

2. über bie zur Ausführung ber Reichsgefeße erforber=
lichen allgemeinen Berwaltungsvorfchriften unb Ein=
richtungen, fofern nicht burch Reichsgefeß etwas
Anberes beftimmt ift;

3. über Mängel, welche bei ber Ausführung ber Reichs=
gefeße ober ber vorftehenb erwähnten Vorfchriften
ober Einrichtungen hervortreten.

Jebes Bunbesglieb ift befugt, Vorfchläge zu machen
unb in Vortrag zu bringen, unb bas Präfibium ift ver=
pflichtet, biefelben ber Berathung zu übergeben.

Die Befchlußfaffung erfolgt, vorbehaltlich ber Be=
ftimmungen in ben Artifeln 5. 37. unb 78., mit einfacher
Mehrheit. Nicht vertretene ober nicht inftruirte Stimmen
werben nicht gezählt. Bei Stimmengleichheit giebt bie
Präfibialftimme ben Ausfchlag.

Bei ber Befchlußfaffung über eine Angelegenheit,
welche nach ben Beftimmungen biefer Verfaffung nicht
bem ganzen Reiche gemeinfchaftlich ift, werben bie Stimmen
nur berjenigen Bunbesftaaten gezählt, welchen bie An=
gelegenheit gemeinfchaftlich ift.

Art. 8. Der Bunbesrath bilbet aus feiner Mitte
bauernbe Ausfchüffe

1. für bas Lanbheer unb bie Feftungen;

2. für bas Seewefen;

3. für Zoll= unb Steuerwefen;

4. für Hanbel unb Verkehr;

5. für Eifenbahnen, Poft unb Telegraphen;

6. für Juftizwefen;

7. für Rechnungswefen.

In jebem biefer Ausfchüffe werben außer bem Präfibium
minbeftens vier Bunbesftaaten vertreten fein, unb führt
innerhalb berfelben jeber Staat nur Eine Stimme. In
bem Ausfchuß für bas Lanbheer unb bie Feftungen hat
Bayern einen ftänbigen Siß, bie übrigen Mitglieber bes=
felben, fowie bie Mitglieber bes Ausfchuffes für bas See=
wefen werben vom Kaifer ernannt; bie Mitglieber ber

anderen Ausschüsse werden von dem Bundesrathe gewählt. Die Zusammensetzung dieser Ausschüsse ist für jede Session des Bundesrathes resp. mit jedem Jahre zu erneuern, wobei die ausscheidenden Mitglieder wieder wählbar sind.

Außerdem wird im Bundesrathe aus den Bevollmächtigten der Königreiche Bayern, Sachsen und Württemberg und zwei, vom Bundesrathe alljährlich zu wählenden Bevollmächtigten anderer Bundesstaaten ein Ausschuß für die auswärtigen Angelegenheiten gebildet, in welchem Bayern den Vorsitz führt.

Den Ausschüssen werden die zu ihren Arbeiten nöthigen Beamten zur Verfügung gestellt.

Art. 9. Jedes Mitglied des Bundesrathes hat das Recht, im Reichstage zu erscheinen und muß daselbst auf Verlangen jederzeit gehört werden, um die Ansichten seiner Regierung zu vertreten, auch dann, wenn dieselben von der Majorität des Bundesrathes nicht adoptirt worden sind. Niemand kann gleichzeitig Mitglied des Bundesrathes und des Reichstages sein.

Art. 10. Dem Kaiser liegt es ob, den Mitgliedern des Bundesrathes den üblichen diplomatischen Schutz zu gewähren.

IV. Präsidium.

Art. 11. Das Präsidium des Bundes steht dem Könige von Preußen zu, welcher den Namen Deutscher Kaiser führt. Der Kaiser hat das Reich völkerrechtlich zu vertreten, im Namen des Reichs Krieg zu erklären und Frieden zu schließen, Bündnisse und andere Verträge mit fremden Staaten einzugehen, Gesandte zu beglaubigen und zu empfangen.

Zur Erklärung des Krieges im Namen des Reichs ist die Zustimmung des Bundesrathes erforderlich, es sei denn, daß ein Angriff auf das Bundesgebiet oder dessen Küsten erfolgt.

Insoweit die Verträge mit fremden Staaten sich auf solche Gegenstände beziehen, welche nach Artikel 4. in den

Bereich der Reichsgesetzgebung gehören, ist zu ihrem Ab=
schluß die Zustimmung des Bundesrathes und zu ihrer
Gültigkeit die Genehmigung des Reichstages erforderlich.

Art. 12. Dem Kaiser steht es zu, den Bundesrath
und den Reichstag zu berufen, zu eröffnen, zu vertagen
und zu schließen.

Art. 13. Die Berufung des Bundesrathes und des
Reichstages findet alljährlich statt und kann der Bundes=
rath zur Vorbereitung der Arbeiten ohne den Reichstag,
letzterer aber nicht ohne den Bundesrath berufen werden.

Art. 14. Die Berufung des Bundesrathes muß er=
folgen, sobald sie von einem Drittel der Stimmenzahl
verlangt wird.

Art. 15. Der Vorsitz im Bundesrathe und die Leitung
der Geschäfte steht dem Reichskanzler zu, welcher vom
Kaiser zu ernennen ist.

Der Reichskanzler kann sich durch jedes andere Mit=
glied des Bundesrathes vermöge schriftlicher Substitution
vertreten lassen.

Art. 16. Die erforderlichen Vorlagen werden nach
Maßgabe der Beschlüsse des Bundesrathes im Namen
des Kaisers an den Reichstag gebracht, wo sie durch
Mitglieder des Bundesrathes oder durch besondere von
letzterem zu ernennende Kommissarien vertreten werden.

Art. 17. Dem Kaiser steht die Ausfertigung und
Verkündigung der Reichsgesetze und die Ueberwachung der
Ausführung derselben zu. Die Anordnungen und Ver=
fügungen des Kaisers werden im Namen des Reichs
erlassen und bedürfen zu ihrer Gültigkeit der Gegen=
zeichnung des Reichskanzlers[5]), welcher dadurch die Ver=
antwortlichkeit übernimmt.

Art. 18. Der Kaiser ernennt die Reichsbeamten, läßt
dieselben für das Reich vereidigen und verfügt erforderlichen
Falles deren Entlassung.

---

[5]) Vgl. unten No. 11.

Den zu einem Reichsamte berufenen Beamten eines Bundesstaates stehen, sofern nicht vor ihrem Eintritt in den Reichsdienst im Wege der Reichsgesetzgebung etwas Anderes bestimmt ist, dem Reiche gegenüber diejenigen Rechte zu, welche ihnen in ihrem Heimathslande aus ihrer dienstlichen Stellung zugestanden hatten.

Art. 19.   Wenn Bundesglieder ihre verfassungs= mäßigen Bundespflichten nicht erfüllen, können sie dazu im Wege der Exekution angehalten werden. Diese Exekution ist vom Bundesrathe zu beschließen und vom Kaiser zu vollstrecken.

V. Reichstag.

Art. 20.   Der Reichstag geht aus allgemeinen und direkten Wahlen mit geheimer Abstimmung hervor.

Bis zu der gesetzlichen Regelung, welche im §. 5. des Wahlgesetzes vom 31. Mai 1869. (Bundesgesetzbl. 1869. S. 145.) vorbehalten ist, werden in Bayern 48, in Württem= berg 17, in Baden 14, in Hessen südlich des Main 6 Ab= geordnete gewählt, und beträgt demnach die Gesammtzahl der Abgeordneten 382 [6]).

Art. 21.   Beamte bedürfen keines Urlaubs zum Ein= tritt in den Reichstag.

Wenn ein Mitglied des Reichstages ein besoldetes Reichsamt oder in einem Bundesstaat ein besoldetes Staatsamt annimmt oder im Reichs= oder Staatsdienste in ein Amt eintritt, mit welchem ein höherer Rang oder ein höheres Gehalt verbunden ist, so verliert es Sitz und Stimme in dem Reichstag und kann seine Stelle in demselben nur durch neue Wahl wieder erlangen.

Art. 22.   Die Verhandlungen des Reichstages sind öffentlich.

Wahrheitsgetreue Berichte über Verhandlungen in den öffentlichen Sitzungen des Reichstages bleiben von jeder Verantwortlichkeit frei.

---

[6]) Für Elsaß=Lothringen (s. o. Anm. 1) treten noch 15 Ab= geordnete hinzu.

Art. 23. Der Reichstag hat das Recht, innerhalb der Kompetenz des Reichs Gesetze vorzuschlagen und an ihn gerichtete Petitionen dem Bundesrathe resp. Reichskanzler zu überweisen.

Art. 24. Die Legislaturperiode des Reichstages dauert drei Jahre[7]). Zur Auflösung des Reichstages während derselben ist ein Beschluß des Bundesrathes unter Zustimmung des Kaisers erforderlich.

Art. 25. Im Falle der Auflösung des Reichstages müssen innerhalb eines Zeitraumes von 60 Tagen nach derselben die Wähler und innerhalb eines Zeitraumes von 90 Tagen nach der Auflösung der Reichstag versammelt werden.

Art. 26. Ohne Zustimmung des Reichstages darf die Vertagung desselben die Frist von 30 Tagen nicht übersteigen und während derselben Session nicht wiederholt werden.

Art. 27. Der Reichstag prüft die Legitimation seiner Mitglieder und entscheidet darüber. Er regelt seinen Geschäftsgang und seine Disziplin durch eine Geschäfts-Ordnung und erwählt seinen Präsidenten, seine Vizepräsidenten und Schriftführer.

Art. 28. Der Reichstag beschließt nach absoluter Stimmenmehrheit. Zur Gültigkeit der Beschlußfassung ist die Anwesenheit der Mehrheit der gesetzlichen Anzahl der Mitglieder erforderlich.

[8]) Bei der Beschlußfassung über eine Angelegenheit, welche nach den Bestimmungen dieser Verfassung nicht dem ganzen Reiche gemeinschaftlich ist, werden die Stimmen nur derjenigen Mitglieder gezählt, die in Bundesstaaten gewählt sind, welchen die Angelegenheit gemeinschaftlich ist.

---

[7]) In Zukunft „fünf Jahre". Ges. v. 19. März 1888 (RGB. S. 110), welches aber erst mit Ablauf der gegenwärtigen Legislaturperiode in Kraft tritt.

[8]) Der Absatz 2 des Art. 28 ist durch Ges. v. 24. Febr. 1873 (RGB. S. 45) aufgehoben.

Art. 29. Die Mitglieder des Reichstages sind Vertreter des gesammten Volkes und an Aufträge und Instruktionen nicht gebunden.

Art. 30. Kein Mitglied des Reichstages darf zu irgend einer Zeit wegen seiner Abstimmung oder wegen der in Ausübung seines Berufes gethanen Aeußerungen gerichtlich oder disziplinarisch verfolgt oder sonst außerhalb der Versammlung zur Verantwortung gezogen werden.

Art. 31. Ohne Genehmigung des Reichstages kann kein Mitglied desselben während der Sitzungsperiode wegen einer mit Strafe bedrohten Handlung zur Untersuchung gezogen oder verhaftet werden, außer wenn es bei Ausübung der That oder im Laufe des nächstfolgenden Tages ergriffen wird.

Gleiche Genehmigung ist bei einer Verhaftung wegen Schulden erforderlich.

Auf Verlangen des Reichstages wird jedes Strafverfahren gegen ein Mitglied desselben und jede Untersuchungs= oder Civilhaft für die Dauer der Sitzungsperiode aufgehoben.

Art. 32. Die Mitglieder des Reichstages dürfen als solche keine Besoldung oder Entschädigung beziehen.

VI. Zoll= und Handelswesen.

Art. 33. Deutschland bildet ein Zoll= und Handelsgebiet, umgeben von gemeinschaftlicher Zollgrenze. Ausgeschlossen bleiben die wegen ihrer Lage zur Einschließung in die Zollgrenze nicht geeigneten einzelnen Gebietstheile.

Alle Gegenstände, welche im freien Verkehr eines Bundesstaates befindlich sind, können in jeden anderen Bundesstaat eingeführt und dürfen in letzterem einer Abgabe nur insoweit unterworfen werden, als daselbst gleichartige inländische Erzeugnisse einer inneren Steuer unterliegen.

Art. 34. Die Hansestädte Bremen und Hamburg mit einem dem Zweck entsprechenden Bezirke ihres oder des umliegenden Gebietes bleiben als Freihäfen außerhalb der gemeinschaftlichen Zollgrenze, bis sie ihren Einschluß in dieselbe beantragen[9]).

Art. 35. Das Reich ausschließlich hat die Gesetzgebung über das gesammte Zollwesen, über die Besteuerung des im Bundesgebiete gewonnenen Salzes und Tabacks, bereiteten Branntweins und Bieres und aus Rüben oder anderen inländischen Erzeugnissen dargestellten Zuckers und Syrups, über den gegenseitigen Schutz der in den einzelnen Bundesstaaten erhobenen Verbrauchsabgaben gegen Hinterziehungen, sowie über die Maßregeln, welche in den Zollausschlüssen zur Sicherung der gemeinsamen Zollgrenze erforderlich sind.

In Bayern, Württemberg und Baden bleibt die Besteuerung des inländischen Branntweins und Bieres der Landesgesetzgebung vorbehalten[10]). Die Bundesstaaten werden jedoch ihr Bestreben darauf richten, eine Uebereinstimmung der Gesetzgebung über die Besteuerung auch dieser Gegenstände herbeizuführen.

Art. 36. Die Erhebung und Verwaltung der Zölle und Verbrauchssteuern (Art. 35.) bleibt jedem Bundesstaate, soweit derselbe sie bisher ausgeübt hat, innerhalb seines Gebietes überlassen.

Der Kaiser überwacht die Einhaltung des gesetzlichen Verfahrens durch Reichsbeamte, welche er den Zoll- oder Steuerämtern und den Direktivbehörden der einzelnen Staaten, nach Vernehmung des Ausschusses des Bundesrathes für Zoll- und Steuerwesen, beiordnet.

Die von diesen Beamten über Mängel bei der Ausführung der gemeinschaftlichen Gesetzgebung (Art. 35.) gemachten Anzeigen werden dem Bundesrathe zur Beschlußnahme vorgelegt.

Art. 37. Bei der Beschlußnahme über die zur Aus-

---

[9]) Ges. v. 16. Februar 1882 (RGB. S. 39) und v. 31. März 1885 (RGB. S. 79).

[10]) Für Elsaß-Lothringen s. Ges. v. 25. Juni 1873 (RGB. S. 161), § 4.

führung der gemeinschaftlichen Gesetzgebung (Art. 35.) dienenden Verwaltungsvorschriften und Einrichtungen giebt die Stimme des Präsidiums alsdann den Ausschlag, wenn sie sich für Aufrechthaltung der bestehenden Vorschrift oder Einrichtung ausspricht.

Art. 38. Der Ertrag der Zölle und der anderen in Artikel 35. bezeichneten Abgaben, letzterer, soweit sie der Reichsgesetzgebung unterliegen, fließt in die Reichskasse.

Dieser Ertrag besteht aus der gesammten von den Zöllen und den übrigen Abgaben aufgekommenen Einnahme nach Abzug:

1) der auf Gesetzen oder allgemeinen Verwaltungsvorschriften beruhenden Steuervergütungen und Ermäßigungen,

2) der Rückerstattungen für unrichtige Erhebungen,

3) der Erhebungs= und Verwaltungskosten, und zwar:

    a) bei den Zöllen der Kosten, welche an den gegen das Ausland gelegenen Grenzen und in dem Grenzbezirke für den Schutz und die Erhebung der Zölle erforderlich sind,

    b) bei der Salzsteuer der Kosten, welche zur Besoldung der mit Erhebung und Kontrolirung dieser Steuer auf den Salzwerken beauftragten Beamten angewendet werden,

    c) bei der Rübenzuckersteuer und Tabacksteuer der Vergütung, welche nach den jeweiligen Beschlüssen des Bundesrathes den einzelnen Bundesregierungen für die Kosten der Verwaltung dieser Steuern zu gewähren ist,

    d) bei den übrigen Steuern mit funfzehn Prozent der Gesammteinnahme.

Die außerhalb der gemeinschaftlichen Zollgrenze liegenden Gebiete tragen zu den Ausgaben des Reichs durch Zahlung eines Aversums bei.

Bayern, Württemberg und Baden haben an dem in die Reichskasse fließenden Ertrage der Steuern von Branntwein und Bier und an dem diesem Ertrage entsprechenden Theile des vorstehend erwähnten Aversums keinen Theil.

Art. 39. Die von den Erhebungsbehörden der Bundes= staaten nach Ablauf eines jeden Vierteljahres aufzustellenden Quartal=Extrakte und die nach dem Jahres= und Bücher= schlusse aufzustellenden Finalabschlüsse über die im Laufe des Vierteljahres beziehungsweise während des Rechnungs= jahres fällig gewordenen Einnahmen an Zöllen und nach Artikel 38. zur Reichskasse fließenden Verbrauchsabgaben werden von den Direktivbehörden der Bundesstaaten, nach vorangegangener Prüfung, in Hauptübersichten zusammen= gestellt, in welchen jede Abgabe gesondert nachzuweisen ist, und es werden diese Ueberfichten an den Ausschuß des Bundesrathes für das Rechnungswesen eingesandt.

Der letztere stellt auf Grund dieser Ueberfichten von drei zu drei Monaten den von der Kasse jedes Bundes= staates der Reichskasse schuldigen Betrag vorläufig fest und setzt von dieser Feststellung den Bundesrath und die Bundesstaaten in Kenntniß, legt auch alljährlich die schließ= liche Feststellung jener Beträge mit seinen Bemerkungen dem Bundesrathe vor. Der Bundesrath beschließt über diese Festftellung.

Art. 40. Die Bestimmungen in dem Zollvereinigungs= vertrage vom 8. Juli 1867 bleiben in Kraft, soweit sie nicht durch die Vorschriften dieser Verfassung abgeändert find und so lange sie nicht auf dem im Artikel 7., be= ziehungsweise 78. bezeichneten Wege abgeändert werden.

VII. Eisenbahnwesen.

Art. 41. Eisenbahnen, welche im Interesse der Ver= theidigung Deutschlands oder im Interesse des gemein= samen Verkehrs für nothwendig erachtet werden, können kraft eines Reichsgesetzes auch gegen den Widerspruch der Bundesglieder, deren Gebiet die Eisenbahnen durchschneiden, unbeschadet der Landeshoheitsrechte, für Rechnung des Reichs angelegt oder an Privatunternehmer zur Ausführung

konzessionirt und mit dem Expropriationsrechte ausgestattet
werden.

Jede bestehende Eisenbahnverwaltung ist verpflichtet,
sich den Anschluß neu angelegter Eisenbahnen auf Kosten
der letzteren gefallen zu lassen.

Die gesetzlichen Bestimmungen, welche bestehenden Eisen-
bahn-Unternehmungen ein Widerspruchsrecht gegen die An-
legung von Parallel- oder Konkurrenzbahnen einräumen,
werden, unbeschadet bereits erworbener Rechte, für das
ganze Reich hierdurch aufgehoben. Ein solches Widerspruchsrecht kann auch in den künftig zu ertheilenden Kon-
zessionen nicht weiter verliehen werden.

Art. 42. Die Bundesregierungen verpflichten sich, die
Deutschen Eisenbahnen im Interesse des allgemeinen Verkehrs wie ein einheitliches Netz verwalten und zu diesem
Behuf auch die neu herzustellenden Bahnen nach einheit-
lichen Normen anlegen und ausrüsten zu lassen.

Art. 43. Es sollen demgemäß in thunlichster Beschleunigung übereinstimmende Betriebseinrichtungen getroffen, insbesondere gleiche Bahnpolizei-Reglements eingeführt werden. Das Reich hat dafür Sorge zu tragen,
daß die Eisenbahnverwaltungen die Bahnen jederzeit in
einem die nöthige Sicherheit gewährenden baulichen Zu-
stande erhalten und dieselben mit Betriebsmaterial so ausrüsten, wie das Verkehrsbedürfniß es erheischt.

Art. 44. Die Eisenbahnverwaltungen sind verpflichtet,
die für den durchgehenden Verkehr und zur Herstellung
ineinander greifender Fahrpläne nöthigen Personenzüge
mit entsprechender Fahrgeschwindigkeit, desgleichen die zur
Bewältigung des Güterverkehrs nöthigen Güterzüge einzuführen, auch direkte Expeditionen im Personen- und
Güterverkehr, unter Gestattung des Ueberganges der Trans-
portmittel von einer Bahn auf die andere, gegen die üb-
liche Vergütung einzurichten.

Art. 45. Dem Reiche steht die Kontrole über das
Tarifwesen zu. Dasselbe wird namentlich dahin wirken:

1) daß baldigst auf allen Deutschen Eisenbahnen übereinstimmende Betriebsreglements eingeführt werden;

2) daß die möglichste Gleichmäßigkeit und Herabsetzung
der Tarife erzielt, insbesondere, daß bei größeren
Entfernungen für den Transport von Kohlen, Koaks,
Holz, Erzen, Steinen, Salz, Roheisen, Düngungs-
mitteln und ähnlichen Gegenständen ein dem Bedürfniß der Landwirthschaft und Industrie entsprechender ermäßigter Tarif, und zwar zunächst
thunlichst der Einpfennig-Tarif eingeführt werde.

Art. 46. Bei eintretenden Nothständen, insbesondere
bei ungewöhnlicher Theuerung der Lebensmittel, sind die
Eisenbahnverwaltungen verpflichtet, für den Transport,
namentlich von Getreide, Mehl, Hülsenfrüchten und Kar-
toffeln, zeitweise einen dem Bedürfniß entsprechenden, von
dem Kaiser auf Vorschlag des betreffenden Bundesraths-
Ausschusses festzustellenden, niedrigen Spezialtarif einzuführen, welcher jedoch nicht unter den niedrigsten auf der
betreffenden Bahn für Rohprodukte geltenden Satz herab-
gehen darf.

Die vorstehend, sowie die in den Artikeln 42. bis 45. ge-
troffenen Bestimmungen sind auf Bayern nicht anwendbar.

Dem Reiche steht jedoch auch Bayern gegenüber das
Recht zu, im Wege der Gesetzgebung einheitliche Normen
für die Konstruktion und Ausrüstung der für die Landesvertheidigung wichtigen Eisenbahnen aufzustellen.

Art. 47. Den Anforderungen der Behörden des Reichs
in Betreff der Benutzung der Eisenbahnen zum Zweck der
Vertheidigung Deutschlands haben sämmtliche Eisenbahnverwaltungen unweigerlich Folge zu leisten. Insbesondere
ist das Militair und alles Kriegsmaterial zu gleichen er-
mäßigten Sätzen zu befördern.

VIII. Post- und Telegraphenwesen.

Art. 48. Das Postwesen und das Telegraphenwesen
werden für das gesammte Gebiet des Deutschen Reichs

4*

als einheitliche Staatsverkehrs-Anstalten eingerichtet und verwaltet.

Die im Artikel 4. vorgesehene Gesetzgebung des Reichs in Post- und Telegraphen-Angelegenheiten erstreckt sich nicht auf diejenigen Gegenstände, deren Regelung nach den in der Norddeutschen Post- und Telegraphen-Verwaltung maßgebend gewesenen Grundsätzen der reglementarischen Festsetzung oder administrativen Anordnung überlassen ist.

Art. 49. Die Einnahmen des Post- und Telegraphenwesens sind für das ganze Reich gemeinschaftlich. Die Ausgaben werden aus den gemeinschaftlichen Einnahmen bestritten. Die Ueberschüsse fließen in die Reichskasse (Abschnitt XII).

Art. 50. Dem Kaiser gehört die obere Leitung der Post- und Telegraphenverwaltung an. Die von ihm bestellten Behörden haben die Pflicht und das Recht, dafür zu sorgen, daß Einheit in der Organisation der Verwaltung und im Betriebe des Dienstes, sowie in der Qualifikation der Beamten hergestellt und erhalten wird.

Dem Kaiser steht der Erlaß der reglementarischen Festsetzungen und allgemeinen administrativen Anordnungen, sowie die ausschließliche Wahrnehmung der Beziehungen zu anderen Post- und Telegraphenverwaltungen zu.

Sämmtliche Beamte der Post- und Telegraphenverwaltung sind verpflichtet, den Kaiserlichen Anordnungen Folge zu leisten. Diese Verpflichtung ist in den Diensteid aufzunehmen.

Die Anstellung der bei den Verwaltungsbehörden der Post und Telegraphie in den verschiedenen Bezirken erforderlichen oberen Beamten (z. B. der Direktoren, Räthe, Ober-Inspektoren), ferner die Anstellung der zur Wahrnehmung des Aufsichts- u. s. w. Dienstes in den einzelnen Bezirken als Organe der erwähnten Behörden fungirenden Post- und Telegraphenbeamten (z B. Inspektoren, Kontroleure) geht für das ganze Gebiet des Deutschen Reichs

vom Kaiser aus, welchem diese Beamten den Diensteid
leisten. Den einzelnen Landesregierungen wird von den
in Rede stehenden Ernennungen, soweit dieselben ihre
Gebiete betreffen, Behufs der landesherrlichen Bestätigung und Publikation rechtzeitig Mittheilung gemacht
werden.

Die anderen bei den Verwaltungsbehörden der Post
und Telegraphie erforderlichen Beamten, sowie alle für
den lokalen und technischen Betrieb bestimmten, mithin
bei den eigentlichen Betriebsstellen fungirenden Beamten u. s. w.
werden von den betreffenden Landesregierungen angestellt.

Wo eine selbstständige Landespost= resp. Telegraphen=
verwaltung nicht besteht, entscheiden die Bestimmungen der
besonderen Verträge.

Art. 51. Bei Ueberweisung des Ueberschusses der
Postverwaltung für allgemeine Reichszwecke (Art. 49.) soll,
in Betracht der bisherigen Verschiedenheit der von den
Landes=Postverwaltungen der einzelnen Gebiete erzielten
Reineinnahmen, zum Zwecke einer entsprechenden Aus=
gleichung während der unten festgesetzten Uebergangszeit
folgendes Verfahren beobachtet werden.

Aus den Postüberschüssen, welche in den einzelnen
Postbezirken während der fünf Jahre 1861. bis 1865. auf=
gekommen sind, wird ein durchschnittlicher Jahresüberschuß
berechnet, und der Antheil, welchen jeder einzelne Post=
bezirk an dem für das gesammte Gebiet des Reichs sich
darnach herausstellenden Postüberschusse gehabt hat, nach
Prozenten festgestellt.

Nach Maßgabe des auf diese Weise festgestellten Ver=
hältnisses werden den einzelnen Staaten während der auf
ihren Eintritt in die Reichs=Postverwaltung folgenden acht
Jahre die sich für sie aus den im Reiche aufkommenden
Postüberschüssen ergebenden Quoten auf ihre sonstigen Bei=
träge zu Reichszwecken zu Gute gerechnet.

Nach Ablauf der acht Jahre hört jene Unterscheidung
auf, und fließen die Postüberschüsse in ungetheilter Auf=

rechnung nach dem im Artikel 49. enthaltenen Grundsatz
der Reichskasse zu.

Von der während der vorgedachten acht Jahre für die
Hansestädte sich herausstellenden Quote des Postüberschusses
wird alljährlich vorweg die Hälfte dem Kaiser zur Dis-
position gestellt zu dem Zwecke, daraus zunächst die Kosten
für die Herstellung normaler Posteinrichtungen in den
Hansestädten zu bestreiten.

Art. 52. Die Bestimmungen in den vorstehenden
Artikeln 48. bis 51. finden auf Bayern und Württemberg
keine Anwendung. An ihrer Stelle gelten für beide Bundesstaaten folgende Bestimmungen.

Dem Reiche ausschließlich steht die Gesetzgebung über
die Vorrechte der Post und Telegraphie, über die recht-
lichen Verhältnisse beider Anstalten zum Publikum, über
die Portofreiheiten und das Posttaxwesen, jedoch ausschließlich der reglementarischen und Tarifbestimmungen für
den internen Verkehr innerhalb Bayerns, beziehungsweise
Württembergs, sowie, unter gleicher Beschränkung, die Feststellung der Gebühren für die telegraphische Korrespon-
denz zu.

Ebenso steht dem Reiche die Regelung des Post- und
Telegraphenverkehrs mit dem Auslande zu, ausgenommen
den eigenen unmittelbaren Verkehr Bayerns, beziehungsweise Württembergs mit seinen dem Reiche nicht angehörenden Nachbarstaaten, wegen dessen Regelung es bei
der Bestimmung im Artikel 49. des Postvertrages vom
23. November 1867. bewendet.

An den zur Reichskasse fließenden Einnahmen des
Post- und Telegraphenwesens haben Bayern und Württemberg keinen Theil.

IX. Marine und Schiffahrt.

Art. 53. Die Kriegsmarine des Reichs ist eine einheitliche unter dem Oberbefehl des Kaisers. Die Organisation und Zusammensetzung derselben liegt dem Kaiser

ob, welcher die Offiziere und Beamten der Marine ernennt, und für welchen dieselben nebst den Mannschaften eidlich in Pflicht zu nehmen sind.

Der Kieler Hafen und der Jadehafen sind Reichs= kriegshäfen.

Der zur Gründung und Erhaltung der Kriegsflotte und der damit zusammenhängenden Anstalten erforderliche Aufwand wird aus der Reichskasse bestritten.

Die gesammte seemännische Bevölkerung des Reichs, einschließlich des Maschinenpersonals und der Schiffshand= werker, ist vom Dienste im Landheere befreit, dagegen zum Dienste in der Kaiserlichen Marine verpflichtet.

Die Vertheilung des Ersatzbedarfes findet nach Maß= gabe der vorhandenen seemännischen Bevölkerung statt, und die hiernach von jedem Staate gestellte Quote kommt auf die Gestellung zum Landheere in Abrechnung.

Art. 54. Die Kauffahrteischiffe aller Bundesstaaten bilden eine einheitliche Handelsmarine.

Das Reich hat das Verfahren zur Ermittelung der Ladungsfähigkeit der Seeschiffe zu bestimmen, die Aus= stellung der Meßbriefe, sowie der Schiffscertifikate zu regeln und die Bedingungen festzustellen, von welchen die Er= laubniß zur Führung eines Seeschiffes abhängig ist.

In den Seehäfen und auf allen natürlichen und künst= lichen Wasserstraßen der einzelnen Bundesstaaten werden die Kauffahrteischiffe sämmtlicher Bundesstaaten gleich= mäßig zugelassen und behandelt. Die Abgaben, welche in den Seehäfen von den Seeschiffen oder deren Ladungen für die Benutzung der Schiffahrtsanstalten erhoben werden, dürfen die zur Unterhaltung und gewöhnlichen Her= stellung dieser Anstalten erforderlichen Kosten nicht über= steigen.

Auf allen natürlichen Wasserstraßen dürfen Abgaben nur für die Benutzung besonderer Anstalten, die zur Er= leichterung des Verkehrs bestimmt sind, erhoben werden. Diese Abgaben, sowie die Abgaben für die Befahrung

solcher künstlichen Wasserstraßen, welche Staatseigenthum
sind, dürfen die zur Unterhaltung und gewöhnlichen Herstellung der Anstalten und Anlagen erforderlichen Kosten
nicht übersteigen. Auf die Flößerei finden diese Bestimmungen insoweit Anwendung, als dieselbe auf schiffbaren
Wasserstraßen betrieben wird.

Auf fremde Schiffe oder deren Ladungen andere oder
höhere Abgaben zu legen, als von den Schiffen der Bundesstaaten oder deren Ladungen zu entrichten sind, steht keinem
Einzelstaate, sondern nur dem Reiche zu.

Art. 55. Die Flagge der Kriegs= und Handelsmarine
ist schwarz=weiß=roth.

X. Konsulatwesen.

Art. 56. Das gesammte Konsulatwesen des Deutschen
Reichs steht unter der Aufsicht des Kaisers, welcher die
Konsuln, nach Vernehmung des Ausschusses des Bundes-
rathes für Handel und Verkehr, anstellt.

In dem Amtsbezirk der Deutschen Konsuln dürfen neue
Landeskonsulate nicht errichtet werden. Die Deutschen Konsuln üben für die in ihrem Bezirk nicht vertretenen Bundesstaaten die Funktionen eines Landeskonsuls aus. Die
sämmtlichen bestehenden Landeskonsulate werden aufgehoben,
sobald die Organisation der Deutschen Konsulate dergestalt
vollendet ist, daß die Vertretung der Einzelinteressen aller
Bundesstaaten als durch die Deutschen Konsulate gesichert
von dem Bundesrathe anerkannt wird.

XI. Reichskriegswesen.

Art. 57. Jeder Deutsche ist wehrpflichtig und kann
sich in Ausübung dieser Pflicht nicht vertreten lassen.

Art. 58. Die Kosten und Lasten des gesammten
Kriegswesens des Reichs sind von allen Bundesstaaten
und ihren Angehörigen gleichmäßig zu tragen, so daß
weder Bevorzugungen, noch Prägravationen einzelner
Staaten oder Klassen grundsätzlich zulässig sind. Wo die

gleiche Vertheilung der Lasten sich in natura nicht her=
stellen läßt, ohne die öffentliche Wohlfahrt zu schädigen,
ist die Ausgleichung nach den Grundsätzen der Gerechtig=
keit im Wege der Gesetzgebung festzustellen.

Art. 59. Jeder wehrfähige Deutsche gehört sieben
Jahre lang, in der Regel vom vollendeten 20. bis zum
beginnenden 28. Lebensjahre, dem stehenden Heere — und
zwar die ersten drei Jahre bei den Fahnen, die letzten
vier Jahre in der Reserve — [und die folgenden fünf
Lebensjahre der Landwehr][11]) an. In denjenigen Bundes=
staaten, in benen bisher eine längere als zwölfjährige
Gesammtdienstzeit gesetzlich war, findet die allmälige Herab=
setzung der Verpflichtung nur in dem Maaße statt, als dies
die Rücksicht auf die Kriegsbereitschaft des Reichsheeres zuläßt.

In Bezug auf die Auswanderung der Reservisten sollen
lediglich diejenigen Bestimmungen maßgebend sein, welche
für die Auswanderung der Landwehrmänner gelten.

Art. 60. Die Friedens = Präsenzstärke des deutschen
Heeres wird bis zum 31. December 1871 auf Ein Prozent
der Bevölkerung von 1867 normirt, und wird pro rata
derselben von ben einzelnen Bundesstaaten gestellt. Für
die spätere Zeit wird die Friedens=Präsenzstärke des Heeres
im Wege der Reichsgesetzgebung festgestellt.

Art. 61. Nach Publikation dieser Verfassung ist in
dem ganzen Reiche die gesammte Preußische Militairgesetz=
gebung ungesäumt einzuführen, sowohl die Gesetze selbst,
als die zu ihrer Ausführung, Erläuterung oder Ergänzung
erlassenen Reglements, Instruktionen und Reskripte, nament=
lich also das Militair=Strafgesetzbuch vom 3. April 1845.,
die Militair=Strafgerichts=Ordnung vom 3. April 1845., die
Verordnung über die Ehrengerichte vom 20. Juli 1843.,

---

[11]) Statt der eingeklammerten Worte gilt jetzt die Fassung
des Ges. v. 11. Febr. 1888 (RGB. S. 11): „die folgenden fünf
Lebensjahre der Landwehr ersten Aufgebots und sodann bis zum
31. März desjenigen Kalenderjahres, in welchem das 39. Lebens=
jahr vollendet wird, der Landwehr zweiten Aufgebots".

die Bestimmungen über Aushebung, Dienstzeit, Servis-
und Verpflegungswesen, Einquartierung, Ersatz von Flur-
beschädigungen, Mobilmachung u. s. w. für Krieg und
Frieden. Die Militair-Kirchenordnung ist jedoch ausgeschlossen.

Nach gleichmäßiger Durchführung der Kriegsorgani-
sation des Deutschen Heeres wird ein umfassendes Reichs-
Militairgesetz dem Reichstage und dem Bundesrathe zur
verfassungsmäßigen Beschlußfassung vorgelegt werden.

Art. 62. Zur Bestreitung des Aufwandes für das
gesammte Deutsche Heer und die zu demselben gehörigen
Einrichtungen sind bis zum 31. December 1871. dem Kaiser
jährlich sovielmal 225 Thaler, in Worten zweihundert fünf
und zwanzig Thaler, als die Kopfzahl der Friedensstärke
des Heeres nach Artikel 60. beträgt, zur Verfügung zu
stellen. Vgl. Abschnitt XII.

Nach dem 31. December 1871. müssen diese Beiträge
von den einzelnen Staaten des Bundes zur Reichskasse
fortgezahlt werden. Zur Berechnung derselben wird die
im Artikel 60. interimistisch festgestellte Friedens-Präsenz-
stärke so lange festgehalten, bis sie durch ein Reichsgesetz
abgeändert ist.

Die Verausgabung dieser Summe für das gesammte
Reichsheer und dessen Einrichtungen wird durch das Etats-
gesetz festgestellt.

Bei der Feststellung des Militair-Ausgabe-Etats wird
die auf Grundlage dieser Verfassung gesetzlich feststehende
Organisation des Reichsheeres zu Grunde gelegt.

Art. 63. Die gesammte Landmacht des Reichs wird
ein einheitliches Heer bilden, welches in Krieg und Frieden
unter dem Befehle des Kaisers steht.

Die Regimenter rc. führen fortlaufende Nummern durch
das ganze Deutsche Heer. Für die Bekleidung sind die Grund-
farben und der Schnitt der Königlich Preußischen Armee maßgebend. Dem betreffenden Kontingentsherrn bleibt es überlassen, die äußeren Abzeichen (Kokarden rc.) zu bestimmen.

Der Kaiser hat die Pflicht und das Recht, dafür

Sorge zu tragen, daß innerhalb des Deutschen Heeres alle Truppentheile vollzählig und kriegstüchtig vorhanden sind und daß Einheit in der Organisation und Formation, in Bewaffnung und Kommando, in der Ausbildung der Mannschaften, sowie in der Qualifikation der Offiziere hergestellt und erhalten wird. Zu diesem Behufe ist der Kaiser berechtigt, sich jederzeit durch Inspektionen von der Verfassung der einzelnen Kontingente zu überzeugen und die Abstellung der dabei vorgefundenen Mängel anzuordnen.

Der Kaiser bestimmt den Präsenzstand, die Gliederung und Eintheilung der Kontingente des Reichsheeres, sowie die Organisation der Landwehr, und hat das Recht, innerhalb des Bundesgebietes die Garnisonen zu bestimmen, sowie die kriegsbereite Aufstellung eines jeden Theils des Reichsheeres anzuordnen.

Behufs Erhaltung der unentbehrlichen Einheit in der Administration, Verpflegung, Bewaffnung und Ausrüstung aller Truppentheile des Deutschen Heeres sind die bezüglichen künftig ergehenden Anordnungen für die Preußische Armee den Kommandeuren der übrigen Kontingente, durch den Artikel 8. Nr. 1. bezeichneten Ausschuß für das Landheer und die Festungen, zur Nachachtung in geeigneter Weise mitzutheilen.

Art. 64. Alle Deutsche Truppen sind verpflichtet, den Befehlen des Kaisers unbedingte Folge zu leisten. Diese Verpflichtung ist in den Fahneneid aufzunehmen.

Der Höchstkommandirende eines Kontingents, sowie alle Offiziere, welche Truppen mehr als eines Kontingents befehligen, und alle Festungskommandanten werden von dem Kaiser ernannt. Die von Demselben ernannten Offiziere leisten Ihm den Fahneneid. Bei Generalen und den Generalstellungen versehenden Offizieren innerhalb des Kontingents ist die Ernennung von der jedesmaligen Zustimmung des Kaisers abhängig zu machen.

Der Kaiser ist berechtigt, Behufs Versetzung mit oder ohne Beförderung für die von Ihm im Reichsdienste, sei

es im Preußischen Heere, oder in anderen Kontingenten
zu besetzenden Stellen aus den Offizieren aller Kontingente
des Reichsheeres zu wählen.

Art. 65. Das Recht, Festungen innerhalb des Bundesgebietes anzulegen, steht dem Kaiser zu, welcher die Bewilligung der dazu erforderlichen Mittel, soweit das Ordi-
narium sie nicht gewährt, nach Abschnitt XII beantragt.

Art. 66. Wo nicht besondere Konventionen ein Anderes
bestimmen, ernennen die Bundesfürsten, beziehentlich die
Senate die Offiziere ihrer Kontingente, mit der Einschrän-
kung des Artikels 64. Sie sind Chefs aller ihren Gebieten
angehörenden Truppentheile und genießen die damit verbundenen Ehren. Sie haben namentlich das Recht der
Inspizirung zu jeder Zeit und erhalten, außer den regelmäßigen Rapporten und Meldungen über vorkommende Veränderungen, Behufs der nöthigen landesherrlichen Publikation,
rechtzeitige Mittheilung von den die betreffenden Truppentheile berührenden Avancements und Ernennungen.

Auch steht ihnen das Recht zu, zu polizeilichen Zwecken
nicht blos ihre eigenen Truppen zu verwenden, sondern
auch alle anderen Truppentheile des Reichsheeres, welche
in ihren Ländergebieten dislocirt sind, zu requiriren.

Art. 67. Ersparnisse an dem Militair-Etat fallen unter
keinen Umständen einer einzelnen Regierung, sondern jederzeit der Reichskasse zu.

Art. 68. Der Kaiser kann, wenn die öffentliche Sicherheit in dem Bundesgebiete bedroht ist, einen jeden Theil
desselben in Kriegszustand erklären. Bis zum Erlaß eines
die Voraussetzungen, die Form der Verkündigung und die
Wirkungen einer solchen Erklärung regelnden Reichsgesetzes
gelten dafür die Vorschriften des Preußischen Gesetzes vom
4. Juni 1851. (Gesetz-Samml. für 1851. S. 451 ff.).

Schlußbestimmung zum XI. Abschnitt.

Die in diesem Abschnitt enthaltenen Vorschriften kommen
in Bayern nach näherer Bestimmung des Bündnißvertrages

vom 23. November 1870. (Bundesgesetzbl. 1871. S. 9.)
unter III. §. 5., in Württemberg nach näherer Bestimmung
der Militairkonvention vom 21./25. November 1870. (Bundes=
gesetzbl. 1870. S. 658.) zur Anwendung.

XIL' Reichsfinanzen.

Art. 69. Alle Einnahmen und Ausgaben des Reichs
müssen für jedes Jahr veranschlagt und auf den Reichs=
haushalts-Etat gebracht werden.   Letzterer wird vor Be=
ginn des Etatsjahres nach folgenden Grundsätzen durch
ein Gesetz festgestellt.

Art. 70. Zur Bestreitung aller gemeinschaftlichen Aus=
gaben dienen zunächst die etwaigen Ueberschüsse der Vor=
jahre, sowie die aus den Zöllen, den gemeinschaftlichen
Verbrauchssteuern und aus dem Post= und Telegraphen=
wesen fließenden gemeinschaftlichen Einnahmen. Insoweit
dieselben durch diese Einnahmen nicht gedeckt werden, sind
sie, so lange Reichssteuern nicht eingeführt sind, durch
Beiträge der einzelnen Bundesstaaten nach Maßgabe ihrer
Bevölkerung aufzubringen, welche bis zur Höhe des budget=
mäßigen Betrages durch den Reichskanzler ausgeschrieben
werden.

Art. 71. Die gemeinschaftlichen Ausgaben werden in
der Regel für ein Jahr bewilligt, können jedoch in be=
sonderen Fällen auch für eine längere Dauer bewilligt werden.

Während der im Artikel 60. normirten Uebergangszeit
ist der nach Titeln geordnete Etat über die Ausgaben für
das Heer dem Bundesrathe und dem Reichstage nur zur
Kenntnißnahme und zur Erinnerung vorzulegen.

Art. 72. Ueber die Verwendung aller Einnahmen des
Reichs ist durch den Reichskanzler dem Bundesrathe und
dem Reichstage zur Entlastung jährlich Rechnung zu legen.

Art. 73. In Fällen eines außerordentlichen Bedürf=
nisses kann im Wege der Reichsgesetzgebung die Aufnahme
einer Anleihe, sowie die Uebernahme einer Garantie zu
Lasten des Reichs erfolgen.

Schlußbestimmung zum XII. Abschnitt.

Auf die Ausgaben für das Bayerische Heer finden die Artikel 69. und 71. nur nach Maßgabe der in der Schlußbestimmung zum XI. Abschnitt erwähnten Bestimmungen des Vertrages vom 23. November 1870 und der Artikel 72. nur insoweit Anwendung, als dem Bundesrathe und dem Reichstage die Ueberweisung der für das Bayerische Heer erforderlichen Summe an Bayern nachzuweisen ist.

XIII. Schlichtung von Streitigkeiten und Strafbestimmungen.

Art. 74[12]). Jedes Unternehmen gegen die Existenz, die Integrität, die Sicherheit oder die Verfassung des Deutschen Reichs, endlich die Beleidigung des Bundesrathes, des Reichstages, eines Mitgliedes des Bundesrathes oder des Reichstages, einer Behörde oder eines öffentlichen Beamten des Reichs, während dieselben in der Ausübung ihres Berufes begriffen sind oder in Beziehung auf ihren Beruf, durch Wort, Schrift, Druck, Zeichen, bildliche oder andere Darstellung, werden in den einzelnen Bundesstaaten beurtheilt und bestraft nach Maßgabe der in den letzteren bestehenden oder künftig in Wirksamkeit tretenden Gesetze, nach welchen eine gleiche gegen den einzelnen Bundesstaat, seine Verfassung, seine Kammern oder Stände, seine Kammer= oder Ständemitglieder, seine Behörden und Beamten begangene Handlung zu richten wäre.

Art. 75[13]). Für diejenigen in Artikel 74. bezeichneten Unternehmungen gegen das Deutsche Reich, welche, wenn gegen einen der einzelnen Bundesstaaten gerichtet, als Hochverrath oder Landesverrath zu qualifiziren wären, ist das gemeinschaftliche Ober=Appellationsgericht der drei freien und Hansestädte in Lübeck die zuständige Spruchbehörde in erster und letzter Instanz.

---

[12]) Vgl. jetzt Strafgesetzbuch v. 1871 (heutige Fassung: RGB. 1876, S. 39).

[13]) Vgl. jetzt GVG. (unten No. 10) § 136, No. 1.

Die näheren Bestimmungen über die Zuständigkeit und das Verfahren des Ober = Appellationsgerichts erfolgen im Wege der Reichsgesetzgebung. Bis zum Erlasse eines Reichsgesetzes bewendet es bei der seitherigen Zuständigkeit der Gerichte in den einzelnen Bundesstaaten und den auf das Verfahren dieser Gerichte sich beziehenden Bestimmungen.

Art. 76. Streitigkeiten zwischen verschiedenen Bundesstaaten, sofern dieselben nicht privatrechtlicher Natur und daher von den kompetenten Gerichtsbehörden zu entscheiden sind, werden auf Anrufen des einen Theils von dem Bundesrathe erledigt.

Verfassungsstreitigkeiten in solchen Bundesstaaten, in deren Verfassung nicht eine Behörde zur Entscheidung solcher Streitigkeiten bestimmt ist, hat auf Anrufen eines Theiles der Bundesrath gütlich auszugleichen oder, wenn das nicht gelingt, im Wege der Reichsgesetzgebung zur Erledigung zu bringen.

Art. 77. Wenn in einem Bundesstaate der Fall einer Justizverweigerung eintritt, und auf gesetzlichen Wegen ausreichende Hülfe nicht erlangt werden kann, so liegt dem Bundesrathe ob, erwiesene, nach der Verfassung und den bestehenden Gesetzen des betreffenden Bundesstaates zu beurtheilende Beschwerden über verweigerte oder gehemmte Rechtspflege anzunehmen, und darauf die gerichtliche Hülfe bei der Bundesregierung, die zu der Beschwerde Anlaß gegeben hat, zu bewirken.

XIV. Allgemeine Bestimmungen.

Art. 78. Veränderungen der Verfassung erfolgen im Wege der Gesetzgebung. Sie gelten als abgelehnt, wenn sie im Bundesrathe 14 Stimmen gegen sich haben.

Diejenigen Vorschriften der Reichsverfassung, durch welche bestimmte Rechte einzelner Bundesstaaten in deren Verhältniß zur Gesammtheit festgestellt sind, können nur mit Zustimmung des berechtigten Bundesstaates abgeändert werden.

10. Gerichtsverfassungsgesetz.
Vom 27. Januar 1877.

(RGB. S. 41—76; Guttentag'sche Textausg. No. 14 v. Sydow. 3. A. 1884.
— Kommentare: zusammen mit „Strafprozeßordnung" v. E. Löwe. 5. A.
Berlin und Leipzig 1888; mit „Zivilprozeßordn." von v. Wilmowsky und
Levy. 5. A. Berlin 1889.)

Erster Titel. Richteramt.

§ 1. Die richterliche Gewalt wird durch unabhängige,
nur dem Gesetze unterworfene Gerichte ausgeübt.

§ 5. Wer in einem Bundesstaate die Fähigkeit zum
Richteramte erlangt hat, ist, soweit dieses Gesetz keine
Ausnahme bestimmt, zu jedem Richteramte innerhalb des
Deutschen Reichs befähigt.

§ 6. Die Ernennung der Richter erfolgt auf Lebenszeit.

§ 7. Die Richter beziehen in ihrer richterlichen Eigen=
schaft ein festes Gehalt mit Ausschluß von Gebühren.

§ 8. Richter können wider ihren Willen nur kraft
richterlicher Entscheidung und nur aus den Gründen und
unter den Formen, welche die Gesetze bestimmen, dauernd
oder zeitweise ihres Amts enthoben oder an eine andere
Stelle oder in Ruhestand versetzt werden.

Die vorläufige Amtsenthebung, welche kraft Gesetzes
eintritt, wird hierdurch nicht berührt.

Bei einer Veränderung in der Organisation der Gerichte
oder ihrer Bezirke können unfreiwillige Versetzungen an
ein anderes Gericht oder Entfernungen vom Amte unter
Belassung des vollen Gehalts durch die Landesjusti=
verwaltung verfügt werden.

§ 9. Wegen vermögensrechtlicher Ansprüche der Richter
aus ihrem Dienstverhältnisse, insbesondere auf Gehalt,
Wartegeld oder Ruhegehalt, darf der Rechtsweg nicht
ausgeschlossen werden.

Zweiter Titel. Gerichtsbarkeit.

§ 12. Die ordentliche streitige Gerichtsbarkeit wird
durch Amtsgerichte und Landgerichte, durch Oberlandes=
gerichte und durch das Reichsgericht ausgeübt.

§ 13. Vor die ordentlichen Gerichte gehören alle bürgerlichen Rechtsstreitigkeiten und Strafsachen, für welche nicht entweder die Zuständigkeit von Verwaltungsbehörden oder Verwaltungsgerichten begründet ist oder reichsgesetzlich besondere Gerichte bestellt oder zugelassen sind.

§ 15. Die Gerichte sind Staatsgerichte.

Die Privatgerichtsbarkeit ist aufgehoben; an ihre Stelle tritt die Gerichtsbarkeit desjenigen Bundesstaates, in welchem sie ausgeübt wurde. Präsentationen für Anstellungen bei den Gerichten finden nicht statt.

Die Ausübung einer geistlichen Gerichtsbarkeit in weltlichen Angelegenheiten ist ohne bürgerliche Wirkung. Dies gilt insbesondere bei Ehe= und Verlöbnißsachen.

§ 16. Ausnahmegerichte sind unstatthaft. Niemand darf seinem gesetzlichen Richter entzogen werden. Die gesetzlichen Bestimmungen über Kriegsgerichte und Standrechte werden hiervon nicht berührt.

Neunter Titel. Reichsgericht.

§ 127. Der Präsident, die Senatspräsidenten und Räthe werden auf Vorschlag des Bundesraths von dem Kaiser ernannt.

Zum Mitgliede des Reichsgerichts kann nur ernannt werden, wer die Fähigkeit zum Richteramte in einem Bundesstaate erlangt und das fünfunddreißigste Lebensjahr vollendet hat.

§ 128. Ist ein Mitglied zu einer Strafe wegen einer entehrenden Handlung oder zu einer Freiheitsstrafe von längerer als einjähriger Dauer rechtskräftig verurtheilt, so kann dasselbe durch Plenarbeschluß des Reichsgerichts seines Amts und seines Gehalts für verlustig erklärt werden.

Vor der Beschlußfassung sind das Mitglied und der Ober=Reichsanwalt zu hören.

§ 134. Die Zuziehung von Hülfsrichtern ist unzulässig.

§ 135. In bürgerlichen Rechtsstreitigkeiten ist das

Jastrow, Kl. Urkundenbuch. 5

Reichsgericht zuſtändig für die Verhandlung und Entſcheidung über die Rechtsmittel:

1. der Reviſion gegen die Endurtheile der Oberlandesgerichte;
2. der Beſchwerde gegen Entſcheidungen der Oberlandesgerichte.

§ 136. In Strafſachen iſt das Reichsgericht zuſtändig:

1. für die Unterſuchung und Entſcheidung in erſter und
  letzter Inſtanz in den Fällen des Hochverraths und
  des Landesverraths, inſofern dieſe Verbrechen gegen
  den Kaiſer oder das Reich gerichtet ſind;
2. für die Verhandlung und Entſcheidung über die
  Rechtsmittel der Reviſion gegen Urtheile der Strafkammern in erſter Inſtanz, inſoweit nicht die Zu-
  ſtändigkeit der Oberlandesgerichte begründet iſt, und
  gegen Urtheile der Schwurgerichte.

In Strafſachen wegen Zuwiderhandlungen gegen die
Vorſchriften über die Erhebung öffentlicher in die Reichs-
kaſſe fließender Abgaben und Gefälle iſt das Reichsgericht
auch für die Verhandlung und Entſcheidung über das
Rechtsmittel der Reviſion gegen Urtheile der Strafkammern
in der Berufungsinſtanz zuſtändig, ſofern die Entſcheidung
des Reichsgerichts von der Staatsanwaltſchaft bei der Ein-
ſendung der Akten an das Reviſionsgericht beantragt wird.

Dreizehnter Titel. Rechtshülfe.

§ 157. Die Gerichte haben ſich in bürgerlichen Rechts-
ſtreitigkeiten und in Strafſachen Rechtshülfe zu leiſten.

§ 161. Die Herbeiführung der zum Zwecke von Voll-
ſtreckungen, Ladungen und Zuſtellungen erforderlichen Handlungen erfolgt nach Vorſchrift der Prozeßordnungen ohne
Rückſicht darauf, ob die Handlungen in dem Bundesſtaate,
welchem das Prozeßgericht angehört, oder in einem anderen
Bundesſtaate vorzunehmen ſind.

§ 163. Eine Freiheitsſtrafe, welche die Dauer von
ſechs Wochen nicht überſteigt, iſt in demjenigen Bundes-

staate zu vollstrecken, in welchem der Verurtheilte sich befindet.

§ 165. Im Falle der Rechtshülfe unter den Behörden verschiedener Bundesstaaten sind die baaren Auslagen, welche durch eine Ablieferung oder Strafvollstreckung entstehen, der ersuchten Behörde von der ersuchenden zu erstatten.

Im übrigen werden Kosten der Rechtshülfe von der ersuchenden Behörde nicht erstattet. . . .

§ 168. Die Sicherheitsbeamten eines Bundesstaates sind ermächtigt, die Verfolgung eines Flüchtigen auf das Gebiet eines anderen Bundesstaates fortzusetzen und den Flüchtigen daselbst zu ergreifen.

Der Ergriffene ist unverzüglich an das nächste Gericht oder die nächste Polizeibehörde des Bundesstaates, in welchem er ergriffen wurde, abzuführen.

§ 169. Die in einem Bundesstaate bestehenden Vorschriften über die Mittheilung von Akten einer öffentlichen Behörde an ein Gericht dieses Bundesstaates kommen auch dann zur Anwendung, wenn das ersuchende Gericht einem anderen Bundesstaate angehört.

11. Gesetz, betreffend die Stellvertretung des Reichskanzlers.

Vom 17. März 1878.

(RGB. S. 7—8.)

Wir Wilhelm, von Gottes Gnaden Deutscher Kaiser, König von Preußen 2c., verordnen im Namen des Reichs, nach erfolgter Zustimmung des Bundesraths und des Reichstags, was folgt:

§ 1. Die zur Gültigkeit der Anordnungen und Verfügungen des Kaisers erforderliche Gegenzeichnung des Reichskanzlers, sowie die sonstigen demselben durch die Verfassung und die Gesetze des Reichs übertragenen Obliegenheiten können nach Maßgabe der folgenden Be-

5*

stimmungen durch Stellvertreter wahrgenommen werden, welche der Kaiser auf Antrag des Reichskanzlers in Fällen der Behinderung desselben ernennt.

§ 2. Es kann ein Stellvertreter allgemein für den gesammten Umfang der Geschäfte und Obliegenheiten des Reichskanzlers ernannt werden. Auch können für diejenigen einzelnen Amtszweige, welche sich in der eigenen und unmittelbaren Verwaltung des Reichs befinden, die Vorstände der dem Reichskanzler untergeordneten obersten Reichsbehörden mit der Stellvertretung desselben im ganzen Umfang oder in einzelnen Theilen ihres Geschäftskreises beauftragt werden.

§ 3. Dem Reichskanzler ist vorbehalten, jede Amtshandlung auch während der Dauer einer Stellvertretung selbst vorzunehmen.

§ 4. Die Bestimmung des Artikel 15 der Reichsverfassung wird durch dieses Gesetz nicht berührt.

Urkundlich unter Unserer Höchsteigenhändigen Unterschrift und beigedrucktem Kaiserlichen Insiegel.

Gegeben Berlin, den 17. März 1878.

(L. S.)   **Wilhelm.**

Fürst v. Bismarck.

12. Unfallversicherungsgesetz.
Vom 6. Juli 1884.

(RGB. S. 69—111; Guttentag'sche Textausg. No. 23, von E. v. Woedtke. 2. A. 1885.)

NB. Aus jedem Paragraphen sind nur die grundlegenden Sätze abgedruckt.

§ 1. Alle in Bergwerken, Salinen, Aufbereitungsanstalten, Steinbrüchen, Gräbereien (Gruben), auf Werften und Bauhöfen, sowie in Fabriken und Hüttenwerken beschäftigten Arbeiter und Betriebsbeamten, letztere sofern ihr Jahresarbeitsverdienst an Lohn oder Gehalt zweitausend Mark nicht übersteigt, werden gegen die Folgen der bei dem Betriebe sich ereignenden Unfälle nach Maßgabe der Bestimmungen dieses Gesetzes versichert.

Dasselbe gilt von Arbeitern und Betriebsbeamten, welche von einem Gewerbetreibenden, dessen Gewerbebetrieb sich auf die Ausführung von Maurer=, Zimmer=, Dachdecker=, Steinhauer= und Brunnenarbeiten erstreckt, in diesem Betriebe beschäftigt werden, sowie von den im Schornsteinfegergewerbe beschäftigten Arbeitern.

§ 5. Gegenstand der Versicherung ist der nach Maßgabe der nachfolgenden Bestimmungen zu bemessende Ersatz des Schadens, welcher durch Körperverletzung oder Tödtung entsteht.

Der Schadensersatz soll im Falle der Verletzung bestehen:

1. in den Kosten des Heilverfahrens, welche vom Beginn der vierzehnten Woche nach Eintritt des Unfalls an entstehen;

2. in einer dem Verletzten vom Beginn der vierzehnten Woche nach Eintritt des Unfalls an für die Dauer der Erwerbsunfähigkeit zu gewährenden Rente. . . .

Die Rente beträgt:

a) im Falle völliger Erwerbsunfähigkeit für die Dauer derselben sechsundsechzigzweidrittel Prozent des Arbeitsverdienstes;

b) im Falle theilweiser Erwerbsunfähigkeit für die Dauer derselben einen Bruchtheil der Rente unter a, welcher nach dem Maße der verbliebenen Erwerbsfähigkeit zu bemessen ist.

§ 6. Im Falle der Tödtung ist als Schadensersatz außerdem zu leisten:

1. als Ersatz der Beerdigungskosten das Zwanzigfache des nach § 5 Absatz 3 bis 5 für den Arbeitstag ermittelten Verdienstes, jedoch mindestens dreißig Mark;

2. eine den Hinterbliebenen des Getödteten vom Todestage an zu gewährende Rente . . .

§ 9. Die Versicherung erfolgt auf Gegenseitigkeit durch die Unternehmer der unter § 1 fallenden Betriebe, welche zu diesem Zwecke in Berufsgenossenschaften vereinigt werden. Die Berufsgenossenschaften sind für bestimmte

Bezirke zu bilden und umfassen innerhalb derselben alle Be=
triebe derjenigen Industriezweige, für welche sie errichtet sind.

Als Unternehmer gilt derjenige, für dessen Rechnung
der Betrieb erfolgt.

Betriebe, welche wesentliche Bestandtheile verschieden=
artiger Industriezweige umfassen, sind derjenigen Berufs=
genossenschaft zuzutheilen, welcher der Hauptbetrieb angehört.

Die Berufsgenossenschaften können unter ihrem Namen
Rechte erwerben und Verbindlichkeiten eingehen, vor Gericht
klagen und verklagt werden.

Für die Verbindlichkeiten der Berufsgenossenschaft haftet
den Gläubigern derselben nur das Genossenschaftsvermögen.

§ 10. Die Mittel zur Deckung der von den Berufs=
genossenschaften zu leistenden Entschädigungsbeträge und
der Verwaltungskosten werden durch Beiträge aufgebracht,
welche von den Mitgliedern nach Maßgabe der in ihren
Betrieben von den Versicherten verdienten Löhne und
Gehälter beziehungsweise des Jahresarbeitsverdienstes
jugendlicher und nicht ausgebildeter Arbeiter (§ 3 Abs. 3),
sowie der statutenmäßigen Gefahrentarife (§ 28) jährlich
umgelegt werden.

§ 16. Die Berufsgenossenschaften regeln ihre innere
Verwaltung sowie ihre Geschäftsordnung durch ein von
der Generalversammlung ihrer Mitglieder (Genossenschafts=
versammlung) zu beschließendes Statut.

§ 41. Zum Zweck der Wahl von Beisitzern zum
Schiedsgericht (§ 46), der Begutachtung der zur Ver=
hütung von Unfällen zu erlassenden Vorschriften (§§ 78, 81)
und der Theilnahme an der Wahl zweier nichtständiger
Mitglieder des Reichs=Versicherungsamtes (§ 87) werden
für jede Genossenschaftssektion und, sofern die Genossenschaft
nicht in Sektionen getheilt ist, für die Genossenschaft Ver=
treter der Arbeiter gewählt.

Die Zahl der Vertreter muß der Zahl der von den Be=
triebsunternehmern in den Vorstand der Sektion beziehungs=
weise der Genossenschaft gewählten Mitglieder gleich sein.

Zweiter Teil: Preußen.

I. Die Territorialzeit.

13. Constitutio Achillea.
Vom 24. Februar 1473.

(Schulze, Hausgesetze 3, S. 678—88. — Kaiserliche Bestätigung, ib., S. 689—91.)

.... So haben wir und auch die hochgeborn furstin unnser liebe gemahel Frau Anna Marggrefin zu Brandemburg etc. mitsambt den obgnantn unnsern zweyen eltsten Sönen, Marggraf Johanusen und Marggrave Fridrichen, uns der anndern unnser Sone Irer bruder, die wir itzund haben, auch der kinder so Wir noch künfftiglich überkomen mögen, gemechtiget, dise unnser teylung, ordnung, satzung, verdracht und eynung getreulich zuhalten, wie hernach eigentlich geschriben stet:

Zum ersten, so ordnen, setzen und wöllen wir, das nach unnserm tode, den der almechtig got, nach seinem götlichen willen, zu der sele seligkeit lang zuverhüten, gerüch, unnserm elsten Sone Marggrave Johannsen, und seinen menlichen elichen erben, ob er die gewynnen, und nach seinem Abgang hinder Im verlassen würde, die Marck zu Brandemburg, mit allen Iren Lannden, Leuten Slossen, Steten, Wiltpennen, Zöllen, gleiten, gerichten, manschaften, Lehenschafftn, obrikeiten, freiheitn, gerechtigkeiten, und allen anndern zugehorungen, geistlichen und werntlichen nach laut unnsers lieben herrn

und vaters seligen teilbrief und darczu auch alle die
lannd Stete, und Sloß, mit Ir aller und ydes eren,
wirden, nützen, rentten, pechten, zinsen, gülten, herlich-
keiten und zugehorungn die seint unnsers lieben herrn
vaters teilung, zwischn unsern brüdern seligen und uns
gescheen *[sic!]*, Zu der Marck zu Brandemburg komen
und bracht sind, das ein teil sein und demselben unnserm
Sone Marggrave Johannsen, als dem eltsten, und seinen
menlichen elichen erben volgen und zusteen sol,

So sol das lannd zu Francken mit allen seinen
Slossen *etc.*, und darczu die herschaft Brauneck mit
der Stat Creglingen, und allen andern obrikeiten,
gerechtigkeiten, lehen, mannscheffften zu- und ein-
gehorungen, wie wir das dann seint unnsers vaters
seligen teilung, zu der gemelten herschaften gehörig.
erkaufft haben, mit sambt der Stat Kitzingen, alles und
yedes mit seinen eren, wirden, nützen, renten, zinsen,
und gülten, an weinen und anderm wie man es dann
vormals gehabt und genomen hat, und aller ander her-
lichkeit, gerechtigkeit und zugehorung, auch dem guldein
Zoll zu Francken, den lehen zu Österreich und am Reine,
der annder teil sein,

· Und das Lanndt uff dem Gebirge und in der Voyt-
lannd, mit den andern zugeslagen stucken unter dem
gepirge und allen und iglichen, seinen Steten *etc.*, sol
der Dritt teil sein...

Sich sollen auch die gnantn unnser Söne alle und
Ire erben bey unnserm leben, und nach unserm tode,
eins tittels gebrauchen und schreiben, und Helm und
schilt gleich füren. Aber nach unnserm tode, den got
lang vorhüte, sol unnser Sone Marggrave Johanns, als
der Curfürste oder ob er mit tod abgieng, do der all-
mechtig got lang vor sey, sein eltster leiplicher elicher
Son, ob er den einen oder mer hinter Ime verließ,
oder ob er on menlich elich erben stürbe, der auß den
andern unsern Sönen obgnant, der die Marck innhaben

würde, den zepter füren, und sich schreiben des Heiligen
Römischen Reichs ErtzCamrer und Curfurste mitsambt
den andern titeln wie er sich vor geschriben hat, und
sollen sich die anndern des titels zuschreiben, und der
wapen zufüren gebrauchen, wie vorstet.

Wir orden, setzen und wöllen auch, das die ob-
gnanten unnser drey Söne Marggrave Johanns, Marggrave Fridrich, und Marggrave Sigmund, alle und Ir
yeder von den obgeschriben lannden allen in der Marck
zu Brandemburg, im lannd zu Francken und uff dem
gebirge, erbhuldigung haben, der miteinander in ge-
samelter hant sitzen, die auch semptlich vom Reich
empfahen und haben sollen, als wir und sie des löblich
gefreyet, und privilegirt sind, und sol In Ir yedes zu-
geteiltem lannd, so wir mit tode abgangen seind, von
der lantschaft und undertanen gemeiniglich die huldi-
gung, die sie Iryeden thun, also gescheen und genomen
werden...

Welcher auch fur und fur unter unnserm geslecht
zu einer yeden zeit der Curfurste ist, der sol von
Romischen keisern, konigen und kurfursten sein be-
stetigung, von sein als eins Curfursten und von aller
seiner erben, bruder, und Ir erben und vettern wegen,
samentlich nemen, umb ursachen willen, die nicht not
sind zuschreiben.

Und ob es zu fellen köme das der gnantn unnser
Söne einer oder zwen mit tod abgiengn, und einen
oder mer menlicher elicher leibs erben hinter In verlassen würden So sol iglicher Son seinen vater erben,
ob es Ioch [sic!], ee wir mit tod abgangen sein zu
dem falle kome, sol gleichwol nach unnserm tode,
iglicher elicher Son seinen vater erben, ob wol derselb
sein vater ee dann wir mit tod abgangen were.

Wo aber geschee das der obgenantn unnser dreyer
Söne einer oder mer, die wir itzund haben, bei unnserm leben stürbe etc., und nicht menlicher elicher

erben hinter Im verließ, so wöllen wir doch, wo wir
anders dannoch drey Söne haben, das die dreyteil mit
denselben unnsern dreyen Sönen, und Ir iglichs menlichen elichen leibs erben gehalten werden söllen, wie
vorstet.

Doch ob es zu dem falle köme, das unnser Sone
Marggrave Johanns, dem als dem eltsten das Curfursten-
thumb und die land der Marck zu Brandemburg, wie
vorgerürt ist, zu seinem teil werden sol, vor den ob-
genanten unnsern Sönen seinen brüdern mit tod abging,
und nicht menlicher elicher leibs erben nach Im ver-
lies, So ist unnser meynung, orden, setzen und wöllen
auch, das alsdann der eltst unnser Sone nach Im
haben sol das Curfürstenthumb und die lannd der Marck
zu Brandemburg an seines teils stat, den er hett oder
der Im wie obstet gefallen solt, und der elter unnser
Sone der geistlich worden sein solt den wir hetten und
liessen, sol an sein stat zu dem teil, den er im lannd
zu Francken, oder uff dem gebirge gehabt hett oder
Im werden solt komen und darbey bleiben, on der
anndern Irrung, eintrege oder hindernus, und sol damit
fur und fur gehalten werden, von einem unserm Sone,
uff den anndern, doch das nicht mer dann drey die
eltsten unnser Söne, der obgenanto dreyer land, werntt-
lich regirend fursten sind, und Ir iglichs und seiner
erben halben gehalten werden, wie obbegriffen ist.

Liessen wir aber nicht mer dann zwen werntlich
Söne, und die anndern wern mit tod abgangen, das sie
nicht menlich elich erben hinder In verlassen hetten,
und das die überigen unnser Söne, als tieff geistlich
worden wern, das sie nymer werntlich werden möchten,
so sol die Marck zu Brandemburg, mit allen Irn zugehorungn, wie obgerürt ist, ein teil, und beide lannd
zu Francken, und uff dem gebirge der annder teil sein.

...Sie sollen auch in der nachvolgenden eynung miteinander sitzn und bleiben, und ob es zu dem falle

köme, das got der almechtig gnediglich geruch zuverhüten, das nicht mer, dann ein Sone werntlich, und die
andern so tieff geistlich wern, das sie nicht werntlich
werden möchten, so sol derselb werntlich Sone und
seine erben, die lannd in der Marck zu Brandemburg,
auch zu Francken und uff dem gebirge alle mit allen
Iren zugehörungen besitzen Innenhaben und behalten,
und die geistlichen an denselben launden und leuten
allen und yeden keinen teil haben. . .

Wir orden, maynen, setzen und wöllen auch, das
keiner unnser Söne, noch Ir keins erben von den obgenantn unnsern landen, leuten, Slossen, Steten oder Iren
zugehörungn, noch anderm das sie von uns ererben,
nichts, noch keinerley vergeben, oder uff felle noch zu
urtet versetzen oder verkauffen sollen, bey den ob-
gedachten pflichten. Sie sollen des auch weder semptlich oder sunderlich kein macht habn zuthunde in
kein weis. . .

14. Consistorialordnung.
Von 1573.

(Visitation vnd Consistorial Drdenunge: Richter, Kirchenordn. 2, S. 355
bis 86; Mylius, CCM. I, 1, S. 273—340.)

Weil alle gute Ordnungen, so in gehaltener Visitation,
jedes Orths gemacht vnd auffgerichtet, vergeblich, wann
darob auch nicht ernstlich gehalten, vnd widder die, welche
dieselben verbrechen, zu gebührlicher straffe procedirt wird,
Vnd die notturfft auch sonst erfordert, das der Ehesachen
Geistlichen vnd anderer Hendel halben, die vor die Geistlichen Gerichte gehörig, vnser Consistorium gehalten werde,
Als haben wir vnsers in Gott Ruhenden Herrn Vaters,
milder gedechtnuß Consistorial Ordnung, auch vbersehen,
verbessern, vnd vnsern Vnterthanen zu gute sich zu jeder
notturfft darnach zurichten, hierzu Drucken lassen, Welcher
sich auch die Assessorn vnsers Consistorij allhie, vnnd ein

jeder so darinne zuthun, vnd Sachen zufordern hat, ge=
horsamlich sollen verhalten.

Mit was Personen das Consistorium besaßt, Auch wann
vnd wo es gehalten werden soll.

In diesem Geistlichen Consistorio sollen gewöhnlichen
sitzen, Vier oder Fünff Personen, darunter fürnemlich
vnser General Superintendens ein Assessor sein sol, oder
wehne wir an seine statt in seinem abwesen verordnen
werden, Vnd ob jhe zuzeiten eine oder mehr Personen
wegen vnserer gescheffte oder sonst mangeln würde, So
sollen doch zwey Personen in keiner Sachen diffinitiue
sprechen, Darumb auch die Assessores in wichtigen sachen,
ettliche vnserer Cammergerichts Rethe, sonderlich aber
vnsern Cantzler, so offte es die Noth erfordert, zu sich
ziehen, vnd neben jhnen die Sachen vnd Hendel nach
gnugsamer Verhör gütlich vertragen, oder vermüge dieser
Ordnung auf allerseidts Schrifftliche eingewandte notturfft,
durch einen Rechtmessigen bescheidt, oder spruch, mit
allem trewen fleisse erledigen vnd Expedirn sollen.

Die Gerichte dieses Consistorij sollen allewege allhie
zu Cöln an der Sprew in vnser Rathstuben die Woche
einmahl, und sonderlich am Dingstage gehalten, vnd die
Sachen auff denselbigen gelegt vnd bescheiden werden,
Es wehre dann das bie mennige der Hendel verhanden,
alsbann mögen die Nidergesatzten den Donnerstag auch
dazu nehmen.

Weil wir auch ein sonderlich Siegel zu diesem Con=
sistorio verordent, vnd machen lassen, soll dasselbe Siegel
haben der Eltiste Assessor, Vnd wann derselbe in vnsern
geschefften oder sonst verreiset, solchs einem andern Assessorn
verreichen, vnd also bey dem Consistorio allewege lassen,
auff das die Sachen vnd Parth nicht aufgehalten, sondern
ohne vergebliche vnkosten vnseumlichen gefördert werden
mögen.

Zu diesem Consistorio sol allwege ein Notarius ge=
braucht werden, vnd zuuermeiden allerley vnrichtigkeiten,

ſol durch jhne ein ordentlich Tagbuch, darinnen die Parth
verzeichent, gehalten, Auch die Vertrege oder Abſcheide
von den Assessorn darein fleiſſig Regiſtrirt werden. Deß=
gleichen ſoll auch der Notarius ein ſonderlich Copial aller
vnd jeder ſchreiben ſo nomine Consistorij außgehen, halten,
Auch die Berichte, ſo in Sachen einkommen, in ein ſonder=
lich Buch hefften, dieſelbigen ſampt den Acten vnd des
geſchwornen Gerichts Bothen Relation. Item die Exe-
cutorial, vnd ſtraffen fleiſſig Regiſtrirn vnd wol ver=
wahren, damit man ſich darnach zurichten, vnd nichts
verkommen, oder widderwertigs ausgehen möge, Vnd ſoll
zu ſolcher behüff der Notarius einen fleiſſigen Substituten
annemen, der jme die Acta copial vnd anders fleiſſig
halten helffen möge, Auch wann der Notarius in vnſern
geſchefften oder ſonſt verreiſen würde, ſolchs in des be=
ſtellen, vnd jhme auff ſein widderkunfft richtigen beſcheidt
davon geben könne.

Mit verhörung der Zeugen, vnd derſelben außſage,
Auch den Gerichts Acten, vnd dem Vrthelgelde, oder
andern geſellen, ſoll es der Notarius, wie es die Cammer=
gerichtsſchreiber halten, vnd der Notarius Consistorij vnd
ſonſt Niemandts ſoll die Zeugen verhören, doch mögen
die Parth jhres gefallens einen Notarien adiuugiren.

Wir haben auch aus Erheblichen Nothwendigen vrſachen
einen Fiſcal verordent, der in vnſern Namen ex officio
in Sachen davon hernach geſatzt, Procedirn ſolle.

So ſollen auch die Assessores einen Gerichts Bothen
annehmen, vnd denſelben dem Consistorio ſchweren laſſen. . .

II. Der aufgeklärte Despotismus.

15. Vertrag von Labiau.
Vom 10. November 1656.

(Du Mont, 6, II. S. 148—51. — Verzeichnis der Drucke: Mörner, S. 211.)

1. Quemadmodum itaque vigore Pactorum Regiomontanorum d. 7. Januarii st. vet. hujus Anni initorum, Ducatus Borussiae & Principatus Warmiae dicto die in perpetuum à Regno Poloniae separabatur, ita hoc ipso, & vigore horum Pactorum in aeternum quoque separatus sit & maneat: adeò ut neque Ser. sua El. neque ipsius Successores, Ducatum Borussiae & Principatum Warmiae ulla ratione Regno Poloniae, aut ejusdem Vasallagio & dependentiae imposterum obstringere, sed potius omnibus viribus reniti debeant, ne unquam ad eandem vel similem conjunctionem cum Polonia, vel quocunque alio Regno aut Republica reducantur aut veniant.

2. Quem in finem Sac. Reg. Maj. Sueciae pro se & Successoribus suis Regiis & Regno Sueciae, nunc et in perpetuum Pacta feudalia, quae inter Sacram Reg. Maj. & Regnum Sueciae ab una: & Ser. suam El. ab altera parte Regiomonti die 7. Januarii hujus 1656 Anni, erecta fuerant, & in quibus praeter alia Ser. sua El. quoque promiserat, se velle praedictum Ducatum Borussiae & Principatum Warmiae à Sac. R. M. ejusque Successorib. Regibus & Regno Sueciae in Feudum recognoscere, cum omnibus aliis Regiomonti die 7. Januarii praeterea initis Conventionibus, & subsecuta Declaratione Mariaeburgensi, d. 15. Junii st. vet. hujus Anni, hoc ipso cum omnibus & singulis suis verbis, Clausulis & Articulis inibi comprehensis, irrita & nulla pronuntiat, omnemque ipsis vim, vigorem & effectum, hoc ipso & virtute hujus Pacti penitus & in aeternum detrahit, ipsaque dictorum Pactorum Originalia, cum retradi non

potuerint, hoc ipso pro retraditis, utrinque scissis. & in
cineres redactis habentur, atque in aeternum habebuntur,
adeò ut Pacta haec abolita, contra Ser. suam El. &
ejus ex legitimo Matrimonio descendentes Successores
masculos imposterum nulla penitus ratione allegari, vel
Sac. Reg. Maj. eiusque Successores Reges Regnumque
Sueciae illis uti possint vel debeant.

3. Quod Deus itaque Ter Opt. Max. felix faustumque
esse jubeat, ab hac die & in perpetuum Serenis.Princeps
ac Dominus, Dn. FRIDERICUS WILHELMUS
D. G. Marchio Brandenburg. (tot. tit.)& ejusdem ex legitimo
Matrimonio descendentes Successores masculi, omnes &
singuli continuata serie, ratione Ducatus Borussiae &
Principatus Warmiae, sint & maneant Principes summi,
& absoluti Suverenii, iisque Juribus, quibus Principes
summi & independenti potestate pollentes gaudent, vel
meritò gaudere debent, posthac gaudeant, utantur &
fruantur.

4. Quemadmodum verò Sacra Reg. Maj. & Ejus
SuccessoresReges & Regnum Sueciae, nullo unquam
tempore, quamdiu Ser. sua El. Ejusque ex legitimo
matrimonio descendentes masculi supersunt, Jus aliquod
sub quocunque praetextu vel specie in Ducatum Borussiae
& Principatum Warmiae, vel partem aliquam eorum
praetendere, vel Duces & Principes in aliquo summae
& absolutae Potestatis exercitio turbare, vel etiam ad
instantiam, sive Statuum sive Subditorum, sive aliorum
quorumcunque se immiscere, vel alio modo, sive directè,
sive indirectè, sive per se, sive per alios, sive apertè,
sive clam, in quieta possessione & Dominio summae
Potestatis & Suverenitatis inquietare debent; Ita Ser.
sua El. & ejusdem Successores legitimi, in nullam
Regalis Borussiae partem Jus ullum, vel ullam praeten-
sionem sibi vendicabunt, nihilque unquam in praejudi-
cium reservati pro S. R. M. & Regno Suec. juris
Successionis in supra dictum Ducatum Borussiae &

Principatum Warmiae in casum deficientis lineae Ser. suae El. descendentis mascula, sive per se. sive per alios, clam vel palam agent.

16. Potsdamer Edikt.
Vom 29. Oktober 1685.

(Theatrum Europ. 12, S. 792—795.)

Wir Friedrich Wilhelm von GOttes Gnaden Marg-graf zu Brandenburg, des Heil. Röm. Reichs Ertz-Cäm-merer und Chur-Fürst, 2c. Geben hiermit jedermänniglich, 2c. zu vernehmen, daß, nachdeme durch das jenige allzu-strenge Verfahren, womit man die Reformirten Religions-Verwandten in Franckreich eine Zeithero verfolget, viele Frantzösische Familien zu wandern, und anderwerts ihren Auffenthalt zu suchen genöthiget worden, Wir auß ge-rechten Mitleyden, welches Wir denen schuldig, so umb des Evangelii und reines Glaubens, den Wir mit ihnen be-kennen, Unglück leyden, bewogen, beschlossen, durch gegen-wärtiges eigenhändigunterschriebenes EDICT, vermelten Frantzosen einen sicher- und freyen An- und Einzug in aller unserer Bottmäßigkeit unterworfene Lande, anzu-biethen und zugleich zu vermelden, was vor Berechtigung, Freyheiten und Vortheile Wir sie wollen geniessen lassen, damit sie errettet, und ihnen in dem jenigen Nothstande, worein der Allmächtigen Vorsorge Gottes sie zu setzen ge-fallen, einiger massen möge beygesprungen werden.

§. 3. Gleichwie nun erwehnte unsere Provintzien nicht nur alleine mit allem deme, so zu des Leibes und Lebens Nothburfft dienlich, zur Genüge versehen, sondern dieselbe auch denen Manufacturen, Gewerb- und Handel-schafften zu Wasser und Lande nicht unbequem; also werden auch die, so sich in mehrvermeldten unseren Pro-vintzien setzen wollen, ihnen zu einem beständigen Sitze dergleichen Oerter erwählen, welche sie zu ihrer Profession am bequem- und gelegensten achten, es sey gleich in

dem Elevisch=Märckisch=Ravensburgisch= und Mindischen,
oder aber Magdeburg=Halberstadt=Brandenburg=Pommerisch=
und Preußischen Landen. Und zumahlen wir vermeynen,
daß sie in der Marck=Brandenburg in denen Städten,
Ständel, Werbe, Rathenau, Brandenburg und Franckfurth;
Im Magdeburgischen, in der Stadt Magdeburg, Hall
und Kalbe; und in Preußen in der Stadt Königsberg
die beste Gelegenheit sich so wohl leichte zu nehren, als
mit wenigen Unkosten auszukommen und auffzuhalten, wie
nicht weniger ihr Gewerbe zu errichten und zu treiben,
haben dörfften: als haben wir verordnet, daß, so bald
jemand von erwehnten Frantzosen allbar wird ankommen,
derselbe wohl empfangen, und ihme alles diß, so zur
Auffrichtung eines beständigen Sitzes nöthig, abgeredt,
ja so gar frey und zu eigenem Belieben und Gefallen
überlaßen werden solle, sich zu entschließen, welche Stadt
oder Provintz in unseren Landen am bequemsten und ge=
legnesten seyn möge.

§. 7. So bald sie sich nun in einer Stadt oder
Flecken unserer Lande fest werden gesetzet haben, sollen
sie zum Burger=Recht gelaßen, und in die Zünffte und
Innungen der Handwercker, worinn sie tüchtig einzutretten,
auff= und angenommen werden, auch mit denen, so in
erwehnten Städt= oder Flecken gebohren oder sonsten lange
gewohnet, gleicher Rechte und Privilegien sich zu erfreuen
haben, und das geringste davor zu bezahlen nicht schuldig,
auch dem Rechte, so denen Ober=Herren über die heim=
gefallene Güther der Frembdlingen zukömmt, so wol, als
allen anderen Befugnüßen, wie die in anderen Ländern
und Staaten wider die Frembden immer practiciret worden,
nicht unterworffen, sondern in allem und jedem unseren
rechten Unterthanen gleich gehalten seyn.

§. 8. Alle die, so einige Manufacturen und Fabri=
quen, es sey gleich von Tuch, Zeug, Hüten, oder an=
deren ihnen gefällig= und beliebichen Waaren, zu machen
gesonnen, sollen nicht alleine mit allen Privilegien, Ver=

günstigungs- und Befreyungen, so sie verlangen und wünschen
mögen, versehen werden, sondern wir wollen sie auch über
dieses noch mit Geld und anderen dazu gehörigen Noth=
wendigkeiten, so sie zu glücklicher Aus= und Vollführung
ihres Vorhabens werden dienlich achten, versehen lassen.

§. 9.   Denen Bauren und anderen, so sich auffs
Land wollen begeben, wollen wir ein gewisses Stück Landes
zum bebauen anweisen, und ihnen mit aller gehörigen
Nothdurfft unter die Armen greiffen, damit dieselben An=
fangs eben so, wie einer merklichen Anzahl Schweißerischer
Familien, so sich in unsere Lande begeben haben, geschehen,
sich mögen auf= und unterhalten können.

§. 10.   So viel die Jurisdiction Art und Weise, die
unter denen der Reformirten Religion zugethanen Frantzosen
etwa entstehende Strittigkeiten zu schlichten anbelangt,
wollen wir vergönnen, daß in denen Städten, wo
sich viele Familien werden niedergelassen haben, sie unter
ihnen jemand mögen wählen, welcher berechtiget seyn solle,
erwehnte Strittigkeit in der Güthe ohne Weitläufftigkeit
und Proceß beyzulegen und zu heben; die zwischen denen
Teutschen und Frantzosen erwachsene Zwistigkeiten aber
sollen zugleich vor der Obrigkeit desselben Orthes und dem=
jenigen, der dazu von der Frantzösischen Nation erkieset,
vorgebracht und geschlichtet werden.   Welches dann auch
geschehen soll, wann alleine unter Frantzosen Streit sich
erhebet, und durch obbemelbte gütliche Vergleichung nicht
kan beygeleget und abgethan werden.

§. 11.   In jeder Stadt wollen wir einen Geistlichen
unterhalten, und einen gewissen Ort, allwo das Religions-
Exercitium in Frantzösischer Sprache also, wie gebräuchlich
und unter ihnen in Franckreich seithero üblich gewesen,
möge verrichtet werden, lassen anweisen.

§. 13.   Alle Privilegien und andere Berechtigungen
aber, von denen oben gemeldet, sollen nicht alleine denen,
so von der Frantzösischen Nation in unsern Landen nach Aus=
fertigung dieses unseres Edicts werden ankommen, sondern

auch denjenigen zu ſtatten kommen, welche bereits ſchon
ehedeſſen darinnen ſich geſetzet, wiewolen derſelben alleine
die, ſo um der Reformirten Religion willen aus Franckreich vertrieben worden, ſich werden zu erfreuen haben,
die der Catholiſchen zugethane hingegen auff keine Weiſe
deren ſich anmaſſen können.

§. 14. In allen unſern Provintzien, Hertzog- und
Fürſtenthümern wollen wir gewiſſe Commiſſarien verordnen, bey denen die der Reformirten Religion zugethane
Frantzoſen in der Noth, ſo ihnen nicht alleine im Anfang
ihrer Niederlaß- und Einrichtung, ſondern auch folgentlich
möchte zuſtoſſen, ihre ſichere Zuflucht werden nehmen können,
und ſollen Krafft dieſer Generalien wie auch anderer
Special-Mandaten, ſo Wir ihnen zufertigen werden, alle
und jede unſere Haupt-Leuthe und Regierungen beordert
ſeyn, erwehnte Religions-Verwandten in ihren Schutz zu
nehmen, und ſie bey obangeregten Privilegien allen hand
zu haben, und in keine Wege zu geſtatten, daß ihnen
einiges Unrecht oder Unbilligkeit zugefüget, ſondern benen-
ſelben vielmehr mit aller ernſtlichen Gewogenheit, Hülſſe
und Beyſtand an Hand gegangen werde.

17. Friedrich Wilhelms I. Inſtruktion für das Generalbirektorium.

Vom 20. Dezember 1722.

(Fr. Förſter, Friedrich Wilhelm I. Bd. 2. Potsdam 1835, S. 173—255.)

Articulus 1. Wegen der Bedienten bei dem General-Ober-
Finanz-, Krieges- und Domainen-Directorio, auch Provinzial-
Commiſſariaten und Kammern, und deren Inſtruirung.

§ 1. Nachdem Wir der höchſten Nothwendigkeit zu
ſein befunden, mit Unſerm bisherigen General-Krieges-
Commiſſariat und General-Finanz-Directorio eine Ände-
rung zu treffen, und dieſe beide Collegia gänzlich zu
caſſiren und aufzuheben, an derſelben Statt aber ein
General-Ober-Finanz-, Krieges- und Domainen-Directorium

anzuordnen, und demselben die Respicirung aller Affairen, die bis dato bei dem gewesenen General = Krieges = Com= missariat und General=Finanz=Directorio tractiret worden, allergnädigst anzuvertrauen; als declariren wir hierdurch, daß Wir Selbst das Präsidium über gedachtes General= Ober=Finanz=, Krieges= und Domainen=Directorium führen wollen, um demselben desto mehr lustre, Autorität und Nachdruck beizulegen, zugleich auch die besondere und ganz genaue Attention zu zeigen, so Wir auf die, zu ermeltes Directorii Ressort gehörende Affairen, ihrer äußersten Wichtigkeit nach beständig und unermüdet zu nehmen Uns angelegen sein lassen.

§ 3. Gleichwie Wir nun dadurch zu ermelbeten, bei dem G.O.F., K. u. D.D. von Uns angeordneten dirigirende Ministris und Assessoribus eine besondere allergnädigste Confidenz zu setzen bezeigen, also prätendiren Wir auch hingegen, daß in specie die fünf dirigirenden Ministri, als nämlich von Grumbkow, von Creutz, von Kraut, von Katsch und von Görne, vor alles und jedes, was bei dem G.O.F., K. u. D.D. vorgehet, Uns responsables sein sollen.

§ 4. Die Geheimen Finanz=, Krieges= und Domainen= Räthe aber hafften nur vor dasjenige, was zu dem De= partement, bei welchem ein jeglicher von ihnen bestellet ist, gehöret.

Zum Exempel, wäre etwas bei dem ersten Departement verabsäumet, so sind zwar alle fünf dirigirende Ministri, nicht aber alle und jede bei dem G.O.F., K. u. D.D. stehende Geheime Finanz=, Krieges= und Domänen=Räthe, sondern bloß diejenigen, welche bei dem ersten Departement stehen, nämlich der, von Herold, Manitius und von Thiele, wie auch der Ober=Jägermeister, wann die Sachen in seine Function laufen, davor responsable.

Und auf eben die Weise soll es auch mit den übrigen Departements des G.O.F., K. u. D.D. gehalten werden.

§ 7. Es müssen aber so geschickte Leute sein, als weit und breit zu finden, und zwar von evangelisch=reformirter

oder lutherischer Religion, die treu und redlich sind, die
offene Köpfe haben, welche die Wirthschaft verstehen und
sie selber getrieben, die von Commercien, Manufactur und
anderen dahin gehörigen Sachen gute Information besitzen,
dabei auch der Feder mächtig, vor allen Dingen aber
Unsere angeborne Unterthanen sein, es müßte denn, soviel
diesen letztern Punkt betrifft, sich fügen, daß uns zwar
ein Fremder, jedoch sehr habiler Mensch vorgeschlagen
würde, welchenfalls Wir endlich wohl ein oder zwei von
dergleichen Subjectis bei Unserm G.D.F., K. u. D.D. passiren
lassen wollen. Um aber obenangeführte und andere dahin
gehörende Qualitäten kurz zu fassen, so müssen es solche Leute
sein, die zu allem capables, wozu man sie gebrauchen will.

§ 11. Ferner soll es mit Wiederbesetzung der, bei den
Commissariaten und Kammern in den Provinzen vacant
werdenden Bedienungen auf folgende Weise gehalten werden.
Wann eine solche Vacanz in Preußen entstehet, soll Uns
zu deren Ersetzung von dem G.D.F., K. u. D.D. vorgeschlagen werden, clevische, märkische oder pommersche Unterthanen, aber keine Preußen.

Zu clevischen Commissariats- und Kammerbedienungen,
Preußen, Märker und Magdeburger, aber keine Clever.

Zu den pommerschen Commissariats- und Kammerbedienungen, Preußen, Clever und Magdeburger, aber
keine Pommern.

Im Magdeburgischen und Halberstädtischen, Märker,
Clever und Preußen, aber keine Magdeburger und Halber-
städter.

Mit einem Wort, Unsere allergnädigste Intention gehet
dieserwegen dahin, daß uns zu Besetzung der Provinzial-
kammern und Commissariate keine Leute in Vorschlag gebracht werden sollen, die aus der Provinz bürtig, woselbst
die vacante Bedienung wieder zu besetzen.

§ 12. Wenn kleine oder geringe Bedienten bei Unseren
Provinzial-Kammern und Commissariaten bestellet werden,
müssen sich dieselbe mit der Recruten-Casse gehörig ab-

finden, und soll alsdann derjenige den Dienst haben, welcher am habilesten ist und am meisten giebet.

§ 16. Wir beschuldigen etliche von Unseren Bedienten, als zum Exempel die Jägerei, mit allen dazu gehörenden Bedienten, daß sie Diebe sein, Wir thun ihn aber groß Unrecht, denn es diesen guten Leuten in ihrer Bestallung also mitgegeben ist. Und, wie Wir dieses bloß zu dem Ende anführen, daß Wir zeigen wollen, wie schlecht die Bestallungsbriefe Unserer Bedienten größestentheils beschaffen. Also hat auch Unser G.D.F., K. u. D.D. alle und jede unter desselben Departement gehörende Bestallungen ganz genau zu examiniren, und dieselbe fürs künftige so ein= zurichten, wie es Unser höchstes Interesse und dessen Be= förderung erheischt und mit sich bringet, alle Sudeleien aber müssen gänzlich ausgerottet und abgeschafft werden.

§ 19. Solcher Instruction ist in specie einzuverleiben, daß die Commissariats=Präsidenten in den Provinzen, die ihnen anvertraute Städte fleißig bereisen, derselben Zustand, respectu des Handels und Wandels, Commercien und Manufacturen, Bürger und Einwohner und deren Nahrung sich auf das genaueste erkundigen und informiren sollen, damit ihnen die unter ihr Departement gehörende Städte ebenso genau bekannt sein mögen, als Wir prätendiren, daß ein Capitain von Unserer Armee seine Compagnie kenne, indem dabei aller und jeder dazu gehörender Soldaten innerliche und äußerliche Qualitäten dem Capitain vollkommen bekannt sein müssen.

Articulus 2. Der Ministrorum Functiones.

§ 11. Das G.D.F., K. u. D.D. soll alle Montage, Mittwochen, Donnerstage und Freitage, an dem von Uns dazu bestinirten Orte, zusammen kommen, und mit ein= ander alle zu dem G.D.F., K. u. D.D. gehörende Sachen, collegialiter, nicht aber in den Häusern, wie bisher, tractiren.

§ 19. Können sie in einer Stunde mit den Affairen fertig werden, so stehet ihnen frei, auseinander zu gehen.

Können ſie aber des Vormittags nicht fertig werden, ſo müſſen ſie sans interruption bis auf den Abend um 6 Uhr, ober bis ſie alle Affairen abgethan, beiſammen bleiben.

Wir befehlen auch hiermit Unſerem Ober = Marſchall und Wirkl. Geheimen Etats=Miniſter, dem von Prinß, daß, wann das G.D.F., K. u. D.D. länger als bis 2 Uhr Nach= mittags im Collegio verſammelt bleibet, er vier gute Ge= richte Eſſen aus Unſerer Küche, nebſt nöthigen Wein und Bier aus Unſerm Keller, oben bringen laſſen ſolle, damit die Halbſchied der anweſenden Chefs und Membrorum eſſen, die andere Halbſchied aber arbeiten und nachgehends die, ſo indeſſen, daß die anderen geſpeiſet, ihre Arbeit verrichtet haben, ſodann gleichfalls eſſen, und die übrigen hinwieder arbeiten können, alsdann Unſer Dienſt recht= ſchaffen, fleißig und getreulich wird beförbert werden.

Articulus 18.   Verpachtung der Ämter, Vorwerke und anderer Domainen.

§ 7. Wir geben auch den Pächtern frei, wenn ſie dawiber graviret würden, beshalb immediate bei dem G.D.F., K. u. D.D. supplicando einzukommen, wofern ſie aber allba nicht gehöret werden ſollten, ſich an Uns ſelbſt zu wenden, alsdann Wir ſchon dahin ſehen werden, daß bei den Pachtungen Treu und Glaube wieder eingeführet und gehalten werden müſſe.

§ 15. Alle und jede Deputanten ſollen in Gelde nach der Kammertage bezahlt werden und das Deputat nicht in natura bekommen.

§ 19. Die Pächter ſind auch ernſtlich und ohne Conni= venz anzuweiſen, baß ſie Unſere Äcker wohl unter Miſt halten und nicht ausſaugen, derowegen auch keinem Pächter verſtattet werden muß, Stroh zu verkaufen, ſondern ſie ſind ſchulbig und müſſen allenfalls nachdrücklich obligiret werden, auf Unſern Vorwerkern und Ackerhöfen gute Miſthöfe und Miſtpfüßen zu halten, und das Stroh fleißig ein= zuſtreuen, auch den Miſt zu rechter Zeit abfahren zu laſſen.

Damit auch solches alles wirklich erfolgen müsse, so
sollen die Kammern davor responsable sein, in specie der
Kammer-Rath, in dessen Departement das Amt gehöret, und
muß der Kammer-Rath, von der Kammer deren Mitglied
er ist, nachdrücklich angewiesen werden, seine Schuldigkeit
darunter accurat zu beobachten.

§ 21. Wenn Wir Domainen-Commissiones in die
Provinzen schicken, um das Domainenwesen besser einzurichten, und avantageusere Pachtungen zu treffen, auch die
eingeschlichene Abusus zu redressiren und die Domainen
zu verbessern, so pfleget es insgemein zu geschehen, daß,
wann solche Commissiones wieder zurück kommen, die
Provinzial-Kammern alle Intriguen und Ressorts spielen
lassen, und in Abwesenheit der Domainen-Commissionen
demjenigen nicht folgen, was dieselbe angeordnet hat, bloß in
der Absicht, um die Domainen-Commissiones infructueus
zu machen. Wir befehlen auch bannenhero Unserm
G.D.F., K. u. D.D. in Gnaden, den Provinzial-Kammern
und denen Präsidenten an den Orten, wo solche Domainen-Commissiones gewesen, scharf auf den Pelz zu
sein und sie anzustrengen, daß sie nach den Plan,
welchen ihnen die Domainen-Commission vorgeschrieben,
arbeiten, und denselben von Punkt zu Punkt accurat
folgen müssen.

§ 22. Damit aber das G.D.F., K.u.D.D. desto
besser und genauer informiret werden möge, was deshalb
in den Provinzen passiret, so sollen die Membra des
Directorii secrete Correspondenz und Espions in denen
Provinzen haben, und zwar von allerhand particuliere
Personen, von Pächtern, von Bürgern und von Amtleuten,
von Bauern und Schulzen und was dergleichen mehr sind,
mit denselben müssen sie fleißig correspondiren, zum Exempel
bei den preußischen, neumärkischen, vor- und hinterpom-
merschen Departement stehen, Unser General-Lieutenant,
auch Wirkl. Etats-Minister und Finanz-, Krieges- und
Domainen-Rath, von Grumbkow, nebst den Geheimen

Finanz=, Krieges= und Domainen=Räthen von Herold, Manitius und von Thiele.

Da muß nun ein jeder von ihnen sich geheime Corre=spondentien beilegen, nach Königsberg, nach Littauen, nach Oberland, nach Memel, nach Samland, nach Stettin, nach Stargard, Anclam, Lauenburg, Bütow, Draheim, Cöslin und Colberg. Durch solche geheime Correspon=bentien werden sie zum öfteren bessere Informationes von demjenigen, was in den Provinzien passiret, erlangen, als durch die Relationes der Commissariate und Kammern.

Unter denen solchergestalt einlaufenden geheimen Nach=richten, kann auch zwar sehr viel Falsch zuweilen sein, indessen ist doch auch viel Wahres mit darunter, und muß man durch vernünftige Beurteilung, das Wahre von dem Falschen zu unterscheiden, bemühet sein, oder wenn es auf bloße Facta hinausläuft, und man an den Rapport zu zweifeln Ursach findet, bei andern deshalb nähere Er=kundigungen einziehen.

§ 23. Die Namen der Correspondenten muß ein jeder cachiret halten, und sie nicht becouvriren, oder es müßte etwas sein, so directe gegen Uns und Unsere höchste Person, Unser königliches Haus, auch Unsere königlichen Lande und Unterthanen gerichtet, oder sonst etwas wich=tiges benunciret wäre, welchenfalls sich von selbst verstehet, daß die angebrachte Sache mit allen Umständen becouvriret und in specie der Name des Autoris nicht verschwiegen werden müsse.

§ 29. Aus dem jetzt angeführten wird das G.D.F., K. u. D.D. sattsam abnehmen können, welchergestalt Unsere Willensmeinung dahin gerichtet, daß ermeldtem Directorii an Uns erstattende Relationes und thuende Anfragen allemal so beschaffen sein sollen und müssen, daß Wir Uns kühnlich und sicher darauf verlassen und persuadiret sein können, daß alles, was in den Bericht enthalten, der Wahrheit vollkommen gemäß und vorher wohl exami=niret und ausgedroschen sei. Und wie Wir Uns an das

G.O.F., K. u. D.D. halten werden, wann Uns daſſelbe etwas ungegründetes berichten ſollte, ſo erhellet auch daraus, daß ſie viel Eſpions in den Provinzien haben müſſen, wofern ſie ſicher verfahren wollen. Geſtalt es denn auch nicht angehen wird, wann das G.O.F., K. u. D.D. allenfalls die Schuld auf die Provinzial=Comiſſariate und Kammern ſollte ſchieben wollen, daß nämlich dieſelben dieſes oder jenes berichtet, und man darauf getrauet, folglich die Sache, wie ſie referiret worden, an Uns gebracht hätte.

Dergleichen Raiſons werden Wir nicht annehmen, noch vor valable erkennen, ſondern das G.O.F., K. u. D.D. muß ſich ſelbſt nach der Sache informiren und ſobann in pleno examiniren, ob nicht die aus den Provinzien ein= kommenden Berichte partialiſch, ob nicht menſchliche Affekten und Intriguen darunter laufen, und was weiter dahin gehöret, dann Uns ermeldtes Directorium in dergleichen und allen übrigen Fällen, nach Anweiſung gegenwärtiger Inſtruction, einer vor alle und alle vor einen hafften und reſponſable ſein ſollen.

Articulus 35.   Wegen der Anfragen.

§ 6.   ... Wir wollen die Flatterien durch= aus nicht haben, ſondern man ſoll Uns alle= mal die reine Wahrheit ſagen und mit nichts hinter dem Berge halten, noch Uns mit Un= wahrheiten unter Augen gehen. Wir ſind doch Herr und König, und können thun, was Wir wollen.

... Dieſe Inſtruction ſoll auch höchſtens ſecretiret und Niemand, dem dieſelbe nicht zu ſehen gebühret, vorgezeiget werden. Jedoch ſoll ein Jeder von den Geheimen Finanz=, Krieges= und Domainen=Räthen Copei von dieſer In= ſtruction nehmen, um ſich deſto beſſer darnach achten zu können. Und da auch die gegenwärtige Situation Unſerer Commiſſariats= und Domainen=Sachen dergeſtalt beſchaffen, daß Wir, um dieſelben zu redreſſiren, ein und anders verordnen müſſen, welches, ohnerachtet es an und vor ſich

auf alle Raison und Billigkeit beruht, und die Reguln
einer klugen und vernünftigen Haushaltung zum Funda=
ment haben, dennoch von den meisten Leuten ungleich an=
gesehn werden möchte, wie zum Exempel, daß keiner von
Unseren Unterthanen in seinem Vaterlande zu Com=
missariats= und Cameral=Bedienungen befördert werden
soll; imgleichen die Regulirung des Tarifs in Preußen und
im Clevischen, und dann auch die Belegung fremder Waaren
mit solchen Imposten und dergl., so wird das G.O.F., R.
u. D.D. die Sachen dergestalt zu formiren wissen, damit
das etwa daher entstehende, wie wohl ganz
unverdiente, Odium nicht auf Uns, weil Wir
die Liebe und Affection Unserer Unterthanen
und die Freundschaft Unserer Nachbaren zu
menagiren verlangen, sondern auf das G.O.F.,
R. u. D.D., oder ein oder anderes Membrum
desselben, wofern es nicht anders ist, noch
benen Leuten eine bessere Opinion beigebracht
werden kann, fallen möge.

18. Friedrichs des Großen Anmerkungen zu der Instruktion für das Generaldirektorium. Vor 1748.

(Herausgegeben von E. Friedländer, in Zeitschr. f. preuß. Gesch. u.
Landeskunde. Bd. 17 (1880), S. 386—397.)

Neuer artiquel. (Zu Art. 7.)

Dahr ich bedacht bin das landt in allen Stüken zu
soulagiren und aufzuhelfen, So weis ich das eins der
Dinge So zu hart seint die grausamen Dienste so Sie
thun müssen, wohrbei nichts als ihr verderb heraus kömt;
also Sol in jede provintz und jeden Creis So Wohl
ambts, Stäte als abliche Dörfer dahin gesehen werden,
ob man es nicht So einrichten Könte, das der Bauer die
Woche 3 tage, högstens 4, binte. Dießes wirbt was
geschrei geben, alleine vohr den gemeinen Man ist es fast
nicht auszustehen, wan er 6 tage oder 5 die Woche binen

Sol; und in Meine Ämter befehle ich, daß Sich die Kammer Sollen angelegen Seindt laßen die Wüsten humen zu besetzen, theils mit das die Neuen bauren ihre dinste dem Alten mit zum besten kommen, und Sol denen alten sovohrt durch eine Erliche repartition was nachgelaßen werden.

Artikel 1. § 12. Geringe Bediente sollen sich mit der Rekrutenkasse abfinden, ist durchstrichen, der König schreibt:

„Wen Bedinungen vergeben werden, in der Cur., Mag., Halbr., Pomren, preusen, So Sol kein mensch darauf bißten, sondern die Rec. Casse muß sich mit das 1te 4teljahr tractement begnügen, in benen Westphählischen Provintzen bleib es mit dem Alten."

Art. 1. § 19.   Bereisung der Städte.

„Nota. es ist nicht genung die Städe zu kennen, sondern es muß noch vohr ihre aufnahme gesorget werden und Mus die Jndustrie von denen presidenten darauf gerichtet Seindt, dießer Stat ihren bißhandel aufzuhelfen, der andern dieße oder jene Manisactur zu Etabliren und auf die bürger ihre lebensart zu Sehen, das Sie gußt Wirtschaften, das die außgaben bei denen Cämereien ordentlich angesetzet und zu der Stat besten angewandt werden, noch darüber das Sie Ehrliche und brave burge= meisters haben, die Jnen gußt vor Stehen und das der Stat aufnahme durch keine art pregraviret werde."

Art. 1. § 21.   Versammlung des Kollegii.

„Wen Sie fleisich arbeiten, So können sie ihre arbeit des morgens in Curenten Sachen in 3 Stunden verichten, wenn Sie Sich aber Historien verzehlen, Zeitungen lesen, So ist der ganze Tag nicht lang genung."

Artik. 2. § 19.   Speisung.

„ceciret."

19. Altpreußischer Richtereid.

(Allg. Gerichtsordn. v. 6. Juli 1793. III. Theil, 3. Titel, § 63. — Spätere Ausgaben v. 1795. 1816. 35 u. ö.; Verhältniß zum Codex Frideric., zu den „Materialien" ꝛc. s. den amtl. Bericht in Mathis' Jurist. Monatsschr. 11 (1811), S. 191—406.)

Ich = = = schwöre ꝛc. ꝛc. Nachdem Se. Königliche Majestät von Preußen mich zum Rath bei Dero = = = bestellt und angenommen haben, daß Höchstgedachter Sr. Königlichen Majestät ich zuvörderst treu, holb, und gewärtig seyn; Dero Bestes und Interesse aus allen Kräften suchen und befördern, Schaden und Nachtheil aber möglichst ver= hüten und abwenden wolle.

Ferner schwöre ich, in meinem Amte die Gerechtigkeit, nach Vorschrift der Gesetze, und meiner besten Kenntniß und Ueberzeugung, zu befördern und zu handhaben; jeder= mann, ohne Ansehen der Person und Unterschied des Standes, unparteiische Justiz, so viel an mir ist, zu ad= ministriren; und mich davon weder durch Geschenke, Gunst und Gaben, noch durch Freundschaft, Feindschaft, Menschen= furcht, oder andere unlautere Bewegungsgründe, und über= haupt durch keine Nebenrücksichten abwenden zu lassen.

Ich gelobe ferner, den Sessionen des Kollegii ordentlich und aufmerksam beizuwohnen; die von dem Kollegio, oder dessen Präsidenten, mir aufgetragenen Arbeiten willig zu übernehmen, und nach meinem besten Vermögen prompt und unverdrossen auszurichten, auch dem Präsidenten in Amts= sachen die schuldige Subordination und Folge zu leisten.

Insonderheit schwöre ich, bei der Instruktion der Prozesse allen meinen Fleiß, Mühe und Bestreben auf die vollständige und gründliche Entdeckung der Wahrheit, und zugleich auf die möglichste Beschleunigung der Sachen, zu verwenden; und es meines Orts an nichts fehlen zu lassen, wodurch die Königliche landesväterliche Intention, zur Verschaffung einer soliden, prompten und unparteiischen Rechtspflege, befördert und erreicht werden kann; überhaupt aber mich in allen Stücken so zu verhalten, wie es einem getreuen und rechtschaffenen Königlichen Rath und Justiz= bedienten wohl ansteht und gebührt. So wahr ꝛc. ꝛc.

20. Von den Rechten und Pflichten der Diener des Staats.

(Allg. Landrecht v. 5. Februar 1794. II. Theil, 10. Titel. — Spätere Ausgaben v. 1804. 21. 32 u. ö. — Quellen, vgl. o. zu No. 19.)¦

§. 1.   Militair= und Civilbediente sind vorzüglich bestimmt, die Sicherheit, die gute Ordnung, und den Wohlstand des Staats unterhalten und befördern zu helfen.

§. 2.   Sie sind, außer den allgemeinen Unterthanenpflichten, dem Oberhaupte des Staats besondere Treue und Gehorsam schuldig.

§. 3.   Ein Jeder ist nach der Beschaffenheit seines Amtes, und nach dem Inhalte seiner Instruction, dem Staate noch zu besondern Diensten durch Eid und Pflicht zugethan.

I. Militairbediente.

§. 4.   Die besonderen Pflichten des Soldatenstandes sind hauptsächlich durch die Kriegsartikel, und andre dahin einschlagende Verordnungen vestgesetzt.

§. 5.   Ober= und Unteroffiziers von adlicher Herkunft sind, in ihren persönlichen Privatangelegenheiten, eben den Gesetzen unterworfen, wie der Adel der Provinz, in welcher sie ihr Standquartier haben.

§. 6.   Oberoffiziers von bürgerlicher Herkunft, werden in dergleichen Angelegenheiten nach den Rechten der Eximirten in der Stadt, wo sie ihr Standquartier haben, beurtheilt.

§. 7.   Unteroffiziers aus dem Bauer= oder Bürgerstande, ingleichen gemeine Soldaten, stehen unter den Rechten des Orts, wo das Regiment oder Corps, zu welchem sie gehören, sein gewöhnliches Standquartier hat.

§. 16.   Militairpersonen haben sich eines privilegirten persönlichen Gerichtsstandes zu erfreuen.

§. 17.   Sie sind der Regel nach von allen persönlichen Lasten und Pflichten der übrigen Bürger des Staats frey.

§. 18.   Ausnahmen von dieser Regel sind durch besondere Verordnungen bestimmt.

§. 19.   Als Besitzer von Grundstücken müssen sie alle mit diesem Besitze verbundene Lasten tragen.

§. 20. Militairpersonen sollen in die Rechte des Civilstandes keinen Eingriff thun.

§. 21. Sie dürfen für sich selbst keine andere bürgerliche Nahrung treiben, als die ihnen nach der besondern Polizeiverfassung jedes Orts, unter Genehmigung des Regimentschefs, ausdrücklich zugelassen ist.

§. 22. Auch können überhaupt gemeine Soldaten als Gesellen bey andern Meistern arbeiten.

§. 23. Haben sie vor Antritt der Kriegesdienste das Meisterrecht selbst gewonnen: so können sie, auch während derselben, unter Genehmigung ihres Chefs, ihr Gewerbe fortsetzen.

§. 24. Außer der Einwilligung des Chefs wird in beiden Fällen (§. 22. 23.) auch die Genehmigung der bürgerlichen Polizeiobrigkeit des Orts erfordert.

§. 25. Dergleichen ein bürgerliches Gewerbe treibende Militairpersonen (§. 23.) müssen alle bürgerliche Lasten und Pflichten tragen, sich zur Zunft halten, und in Handwerks=, Polizey=, Servis= und Einquartierungssachen der Obrigkeit des Orts Folge leisten.

§. 26. In wie fern dergleichen Militairpersonen in persönlichen Rechtsangelegenheiten, welche auf ihr Gewerbe Beziehung haben, den Regiments= oder den ordentlichen Civilgerichten des Orts unterworfen sind, wird in der Prozeßordnung bestimmt.

§ 46. Weiber, die den Männern in die Garnison gefolgt sind, behalten den privilegirten Gerichtsstand, und die Rechte desselben, so lange der Mann lebt, und noch wirklich zum Soldatenstande gehört.

II. Civilbeamte.

§. 68. Alle Beamte des Staats, welche zum Militairstande nicht gehören, sind unter der allgemeinen Benennung von Civilbedienten begriffen.

§. 69. Dergleichen Beamte stehen entweder in unmittelbaren Diensten des Staats, oder gewisser demselben untergeordneter Collegien, Corporationen und Gemeinen.

§. 70. Es soll Niemanden ein Amt aufgetragen werden, der sich dazu nicht hinlänglich qualificirt, und Proben seiner Geschicklichkeit abgelegt hat.

§. 72. Wer sich durch Bestechungen oder andere unerlaubte Wege in ein Amt eindrängt, soll desselben sofort wieder entsetzt werden.

§. 73. Alle Verträge und Versprechungen, wodurch Jemanden, gegen Zuwendung eines Amts, Privatvortheile zugesagt oder wirklich eingeräumt worden, sind null und nichtig.

§. 85. Die Rechte und Pflichten der Civilbedienten, in Beziehung auf das ihnen anvertraute Amt, werden, durch die darüber ergangenen besondern Gesetze, und durch ihre Amtsinstructionen bestimmt.

§. 86. Niemand soll sein Amt zur Beleidigung oder Bevortheilung Anderer mißbrauchen.

§. 87. Was ein Beamter vermöge seines Amts und nach den Vorschriften desselben unternimmt, kann gegen ihn als eine Privatbeleibigung nicht gerügt werden.

§. 88. Wer ein Amt übernimmt, muß auf die pflicht= mäßige Führung desselben die genaueste Aufmerksamkeit wenden.

§. 89. Jedes dabey begangene Versehen, welches bey gehöriger Aufmerksamkeit, und nach den Kenntnissen, die bey der Verwaltung des Amts erfordert werden, hätte vermieden werden können und sollen, muß er vertreten.

§. 90. Vorgesetzte, welche durch vorschriftsmäßige Aufmerksamkeit die Amtsvergehungen ihrer Untergebenen hätten hindern können, sind für den aus Vernachläßigung dessen entstehenden Schaden, sowohl dem Staate, als einzelnen Privatpersonen, welche darunter leiden, verhaftet.

§. 91. Doch findet in beiden Fällen (§. 89. 90.) die Vertretung nur alsdann Statt, wenn kein anderes gesetzmäßiges Mittel, wodurch den nachtheiligen Folgen eines solchen Versehens abgeholfen werden könnte, mehr übrig ist.

§. 98. Kein Vorgesetzter oder Departements = Chef kann einen Civilbedienten, wider seinen Willen, einseitig entsetzen oder verabschieden.

§. 99. Vielmehr muß er, wenn die Verabschiedung nöthig befunden wird, den Beamten mit seiner Erklärung oder Verantwortung darüber ordnungsmäßig hören, und die Sache zum Vortrage im versammleten Staatsrathe befördern.

§. 100. Was dieser durch die Mehrheit der Stimmen beschließt, dabey hat es lediglich sein Bewenden.

§. 101. Doch muß bey Bedienungen, zu welchen die Bestallung von dem Landesherrn selbst vollzogen wird, ein auf Entsetzung oder Entlassung ausgefallener Beschluß des Staatsraths, jedesmal dem Landesherrn zur unmittelbaren Prüfung und Bestätigung vorgelegt werden.

§. 104. Civilbediente werden in ihren Privatangelegenheiten nach eben den Gesetzen und Rechten, wie andere Bürger des Staats, beurtheilt.

§. 105. Königliche Beamte haben sich, als Eximirte, eines privilegirten Gerichtsstandes zu erfreuen. (Tit. 17.)

§. 106. Sie stehen unter eben den Gesetzen, welchen die übrigen von der gemeinen Gerichtsbarkeit ausgenommenen Personen derselben Provinz oder desselben Orts unterworfen sind.

§. 107. Sie behalten diese Rechte, wenn auch die Ausübung der Gerichtsbarkeit über sie einem Untergerichte aufgetragen (belegirt) worden.

§. 108. Beamte, die nicht unmittelbar in den Diensten des Staats, sondern andrer demselben untergeordneten Collegien, Corporationen und Gemeinen stehen, haben in der Regel keinen privilegirten Gerichtsstand, und werden nach den Gesetzen ihres Wohnorts beurtheilt.

§. 109. In so fern jedoch dergleichen Beamte adlichen Standes, oder vom Landesherrn mit einem Charakter bekleidet sind, genießen sie, gleich den Königlichen Beamten, die Rechte des privilegirten Gerichtsstandes.

Jastrow, Kl. Urkundenbuch.   7

§. 110. Ein Gleiches findet in Ansehung derjenigen Statt, die eine Königliche und eine andere Civilbedienung zugleich verwalten.

§. 111. Ausnahmen von den §. 109. 110. vestgesetzten Regeln müssen durch besondere Privilegia und Verordnungen nachgewiesen werden.

§. 112. Auch in Rücksicht auf bürgerliche Rechte, Lasten und Pflichten sind Königliche Beamte als Eximirte zu betrachten.

§. 113. Andere Civilbediente können sich eine solche Exemtion nicht anmaßen, wenn ihnen dieselbe nicht be= sonders ausdrücklich verliehen worden.

§. 114. Wenn mehrere Beamte in ein Collegium zusam̄engezogen sind: so gilt wegen ihrer Versam̄lungen, Berathschlagungen, und Schlüsse in der Regel eben das, was im Sechsten Titel von öffentlichen Gesellschaften und Corporationen verordnet ist.

§. 115. Doch können dergleichen Collegia die von dem Landesherrn oder ihrer vorgesetzten Instanz gemachten Einrichtungen, auch durch einmüthige Beschlüsse, nicht ändern.

§. 116. Eben so wenig können sie über Grundstücke, Gerechtigkeiten, Capitalien und Einkünfte des ganzen Collegii eigenmächtig Verfügung treffen.

§. 117. Ueber die Rechte des Collegii können sie, ohne Genehmigung der vorgesetzten Instanz, keinen Ver= gleich schließen.

§. 118. Gegenstände, welche zur Behandlung des Collegii gehören, müssen nach der Mehrheit der Stimmen entschieden werden.

§. 119. Auch der unmittelbare Vorgesetzte des Collegii muß in Sachen, die zur collegialischen Bearbeitung ge= hören, der Mehrheit der Stimmen sich unterwerfen.

§. 120. Dem Vorgesetzten des Collegii kommt nur das Recht zu, die Stimmen zu sammeln, und den Schluß nach der Mehrheit derselben abzufassen.

§. 121. Wenn aber die Stimmen der Mitglieder über einen Gegenstand der Berathschlagungen gleich sind: so giebt er durch die seinige den Ausschlag.

§. 122. Aeußere Ordnung bey dem Collegio, und was dahin gehört, hängt lediglich von der Direction des Vorgesetzten ab.

21. Städteordnung.
Vom 19. November 1808.

(Sammlung der Gesetze 1806—10, S. 324—57; Mylius, NCC. 12, S. 471—526.)

Der besonders in neuern Zeiten sichtbar gewordene Mangel an angemessenen Bestimmungen in Absicht des städtischen Gemeinwesens und der Vertretung der Stadt-Gemeine, das jetzt nach Klassen und Zünften sich theilende Interesse der Bürger und das dringend sich äußernde Bedürfniß einer wirksamern Theilnahme der Bürgerschaft an der Verwaltung des Gemeinwesens, überzeugen Uns von der Nothwendigkeit, den Städten eine selbstständigere und bessere Verfassung zu geben, in der Bürgergemeine einen festen Vereinigungs-Punkt gesetzlich zu bilden, ihnen eine thätige Einwirkung auf die Verwaltung des Gemeinwesens beizulegen und durch diese Theilnahme Gemeinsinn zu erregen und zu erhalten.

Zur Erreichung dieser landesväterlichen Absicht, verleihen Wir, Kraft dieses aus Königlicher Macht und Vollkommenheit, sämmtlichen Städten Unserer Monarchie nachstehende Ordnung, indem Wir mit Aufhebung der derselben zuwiderlaufenden, jetzt über die Gegenstände ihres Inhalts bestehenden Gesetze und Vorschriften, namentlich der auf solche Bezug habenden des Allgemeinen Landrechts, Folgendes verordnen:

Tit. 1. Von der obersten Aufsicht des Staats über die Städte.

§. 1. Dem Staat und den von solchem angeordneten Behörden, bleibt das oberste Aufsichtsrecht über die Städte, ihre Verfassung und ihr Vermögen, insoweit nicht in der

7 *

gegenwärtigen Ordnung auf eine Theilnahme an der Ver=
waltung ausdrücklich Verzicht geleistet ist, vorbehalten.

§. 2.   Diese oberste Aufsicht übt der Staat dadurch
aus, daß er die gedruckten Rechnungsextrakte oder die
öffentlich darzulegenden Rechnungen der Städte über die
Verwaltung ihres Gemeinvermögens einsieht, die Be=
schwerden einzelner Bürger oder ganzer Abtheilungen über
das Gemeinwesen entscheidet, neue Statuten bestätigt und
zu den Wahlen der Magistratsmitglieder die Genehmigung
ertheilt.

Tit. II. Von den Städten im Allgemeinen.

§. 3.   Das Stadtrecht, sowie überhaupt der Umfang
der Städte, erstreckt sich auch auf die Vorstädte.

§. 4.   Zum städtischen Polizei= und Gemeinebezirk
gehören daher alle Einwohner und sämmtliche Grundstücke
der Stadt und der Vorstädte.

§. 5.   Die Einwohner jeder Stadt bestehen nur aus
zwei Klassen, aus Bürgern oder aus Schutzverwandten
oder aus Einwohnern, die das Bürgerrecht gewonnen und
solchen, die dasselbe nicht erlangt haben.

Einwohner sind alle diejenigen, welche im Gemeine=
bezirk ihren Wohnsitz aufgeschlagen haben.

§. 7.   Der Unterschied, welcher bisher zwischen mittel=
baren und unmittelbaren Städten stattfand, soll in allen
Beziehungen auf städtische Angelegenheiten künftig auf=
hören.

§. 9.   Sämmtliche Städte sollen nach der Zahl ihrer
Einwohner, in der Zukunft in große, mittlere und kleine
eingetheilt werden.

§. 10.   Es werden unter den großen Städten die=
jenigen, welche mit Ausschluß des Militärs, Zehntausend
Seelen und drüber haben, — unter mittlern Städten
diejenigen, welche ohne Militär, Dreitausend Fünfhundert,
allein noch nicht Zehntausend Seelen enthalten, — und
unter kleinen Städten diejenigen verstanden, welche, das

Militär ungerechnet, noch nicht Dreitausend Fünfhundert Seelen zählen.

§. 11. Jede Stadt, welche über Achthundert Seelen enthält, soll geographisch nach Maaßgabe ihres Umfanges, in mehrere Theile getheilet werden, wovon jedoch in großen Städten keiner über 1500 und keiner unter 1000, — in mittlern und kleinen aber keiner über 1000 und unter 400 Seelen enthalten darf.

§. 12. Diese Theile werden Bezirke genannt, und jeder derselben wird durch einen Beinamen nach der darin be= legenen Hauptstraße oder einem Hauptplatze ꝛc. ꝛc. von den übrigen unterschieden.

§. 13. Der ganzen Stadt ist ein Magistrat und jedem Bezirk ein Bezirksvorsteher vorgesetzt.

Tit. VI. Abschnitt II.
Von den Rechten und Verhältnissen der Stadtverordneten.

§. 108. Die Stadtverordneten erhalten durch ihre Wahl die unbeschränkte Vollmacht, in allen Angelegen= heiten des Gemeinwesens der Stadt, die Bürgergemeine zu vertreten, sämmtliche Gemeine=Angelegenheiten für sie zu besorgen und in Betreff des gemeinschaftlichen Vermögens, der Rechte und der Verbindlichkeiten der Stadt und der Bürgerschaft, Namens derselben, verbindende Erklärungen abzugeben.

§. 109. Besonders sind sie befugt und verpflichtet, die zu den öffentlichen Bedürfnissen der Stadt nöthigen Geldzuschüsse, Leistungen und Lasten, auf die Bürgerschaft zu vertheilen und zu deren Aufbringung ihre Einwilligung zu geben; auch überhaupt die gemeinen Lasten und Leistungen zu reguliren.

§. 110. Die Stadtverordneten sind berechtigt, alle diese Angelegenheiten, ohne Rücksprache mit der Gemeine abzumachen, es mögen solche nach den bestehenden Gesetzen, bei den Korporationen von der Zustimmung der Mehrheit der Mitglieder oder jedes einzelnen Mitgliedes abhangen.

Sie bedürfen dazu weder einer besondern Instruktion oder Vollmacht der Bürgerschaft, noch sind sie verpflichtet, derselben über ihre Beschlüsse Rechenschaft zu geben.

Das Gesetz und ihre Wahl sind ihre Vollmacht, ihre Überzeugung und ihre Ansicht vom gemeinen Besten der Stadt ihre Instruktion, ihr Gewissen aber die Behörde, der sie deshalb Rechenschaft zu geben haben. Sie sind im vollsten Sinne Vertreter der ganzen Bürgerschaft, mithin so wenig Vertreter des einzelnen Bezirks, der sie gewählt hat, noch einer Korporation, Zunft zc., zu der sie zufällig gehören.

§. 114. Alle Stadtverordnetenstellen müssen unentgeltlich verwaltet werden und es wird jede Remuneration einzelner Stadtverordneten, um so mehr ausdrücklich untersagt; als die Annahme solcher Remunerationen ohnehin schon Mangel an Gemeinsinn verrathen würde.

Auch Sporteln und Immunitäten jeder Art sind unzulässig.

Nur baare Auslagen dürfen erstattet werden.

§. 115. Jeder Stadtverordnete wird dagegen durch das Vertrauen, welches die Bürgerschaft, vermöge der auf ihn gefallenen Wahl ihm bezeigt, in einem hohen Grade geehrt und hat daher unter seinen Mitbürgern auf eine vorzügliche öffentliche Achtung Anspruch.

— · —

III. Die heutige Monarchie.

22. Verfassungs=Urkunde für den Preußischen Staat.[1]

Vom 31. Januar 1850.

(GS. S. 17—35; nebst Wahlverordn.: Stoerl. S. 42—63. — Guttentagsche Textausg. No. 1 v. A. Arndt. 1886.)

Wir Friedrich Wilhelm, von Gottes Gnaden, König von Preußen zc. zc. thun kund und fügen zu wissen,

---

[1] Außer durch die im folgenden angemerkten ausdrücklichen Abänderungen ist die Verf.=Urk. gegenwärtig in den meisten ihrer Bestandteile durch die Reichsgesetzgebung modifiziert.

daß Wir, nachdem die von Uns unterm 5. Dezember 1848.
vorbehaltlich der Revision im ordentlichen Wege der Gesetz=
gebung verkündigte und von beiden Kammern Unseres
Königreichs anerkannte Verfassung des preußischen Staats
der darin angeordneten Revision unterworfen ist, die Ver=
fassung in Uebereinstimmung mit beiden Kammern end=
gültig festgestellt haben.

Wir verkünden demnach dieselbe als Staatsgrundgesetz,
wie folgt:

Titel I. Vom Staatsgebiete.

Art. 1. Alle Landestheile der Monarchie in ihrem
gegenwärtigen Umfange bilden das preußische Staatsgebiet.

Art. 2. Die Gränzen dieses Staatsgebiets können
nur durch ein Gesetz verändert werden.

Titel II. Von den Rechten der Preußen.

Art. 3. Die Verfassung und das Gesetz bestimmen,
unter welchen Bedingungen die Eigenschaft eines Preußen
und die staatsbürgerlichen Rechte erworben, ausgeübt und
verloren werden.

Art. 4. Alle Preußen sind vor dem Gesetze gleich.
Standesvorrechte finden nicht statt[2]). Die öffentlichen
Aemter sind, unter Einhaltung der von den Gesetzen fest=
gestellten Bedingungen, für alle dazu Befähigten gleich
zugänglich.

Art. 5. Die persönliche Freiheit ist gewährleistet.
Die Bedingungen und Formen, unter welchen eine Be=
schränkung derselben, insbesondere eine Verhaftung zulässig
ist, werden durch das Gesetz bestimmt.

Art. 6. Die Wohnung ist unverletzlich. Das Ein=
bringen in dieselbe und Haussuchungen, so wie die Beschlag=
nahme von Briefen und Papieren sind nur in den gesetz=
lich bestimmten Fällen und Formen gestattet.

---

[2]) Über die Rechte der ehemaligen Reichsunmittelbaren s. Ges.
v. 10. Juni 1854 (GS. S. 363).

Art. 7. Niemand darf seinem gesetzlichen Richter entzogen werden. Ausnahmegerichte und außerordentliche
Kommissionen sind unstatthaft.

Art. 8. Strafen können nur in Gemäßheit des Gesetzes angedroht oder verhängt werden.

Art. 9. Das Eigenthum ist unverletzlich. Es kann
nur aus Gründen des öffentlichen Wohles gegen vorgängige in dringenden Fällen wenigstens vorläufig fest-
zustellende Entschädigung nach Maaßgabe des Gesetzes entzogen oder beschränkt werden.

Art. 10. Der bürgerliche Tod und die Strafe der
Vermögenseinziehung finden nicht statt.

Art. 11. Die Freiheit der Auswanderung kann von
Staatswegen nur in Bezug auf die Wehrpflicht beschränkt
werden.

Abzugsgelder dürfen nicht erhoben werden.

Art. 12. Die Freiheit des religiösen Bekenntnisses,
der Vereinigung zu Religionsgesellschaften (Art. 30. und 31.)
und der gemeinsamen häuslichen und öffentlichen Religionsübung wird gewährleistet. Der Genuß der bürgerlichen
und staatsbürgerlichen Rechte ist unabhängig von dem
religiösen Bekenntnisse. Den bürgerlichen und staatsbürgerlichen Pflichten darf durch die Ausübung der Religionsfreiheit kein Abbruch geschehen.

Art 13. Die Religionsgesellschaften, so wie die geistlichen Gesellschaften, welche keine Korporationsrechte haben,
können diese Rechte nur durch besondere Gesetze erlangen.

Art. 14. Die christliche Religion wird bei denjenigen
Einrichtungen des Staats, welche mit der Religionsübung
im Zusammenhange stehen, unbeschadet der im Art. 12.
gewährleisteten Religionsfreiheit, zum Grunde gelegt.

Art. 15.[3]) Die evangelische und die römisch-katholische
Kirche, so wie jede andere Religionsgesellschaft, ordnet und
verwaltet ihre Angelegenheiten selbstständig und bleibt im

---

[3]) Aufgehoben durch Ges. v. 18. Juni 1875 (GS. S. 259).

Besitz und Genuß der für ihre Kultus-, Unterrichts- und Wohlthätigkeitszwecke bestimmten Anstalten, Stiftungen und Fonds.

Art. 16.⁸) Der Verkehr der Religionsgesellschaften mit ihren Oberen ist ungehindert. Die Bekanntmachung kirchlicher Anordnungen ist nur denjenigen Beschränkungen unterworfen, welchen alle übrigen Veröffentlichungen unterliegen.

Art. 17. Ueber das Kirchenpatronat und die Bedingungen, unter welchen dasselbe aufgehoben werden kann, wird ein besonderes Gesetz ergehen.

Art. 18.⁸) Das Ernennungs-, Vorschlags-, Wahl- und Bestätigungsrecht bei Besetzung kirchlicher Stellen ist, soweit es dem Staate zusteht, und nicht auf dem Patronat oder besonderen Rechtstiteln beruht, aufgehoben.

Auf die Anstellung von Geistlichen beim Militair und an öffentlichen Anstalten findet diese Bestimmung keine Anwendung.

Art. 19. Die Einführung der Civilehe erfolgt nach Maaßgabe eines besonderen Gesetzes, was auch die Führung der Civilstandsregister regelt.

Art. 20. Die Wissenschaft und ihre Lehre ist frei.

Art. 21. Für die Bildung der Jugend soll durch öffentliche Schulen genügend gesorgt werden.

Eltern und deren Stellvertreter dürfen ihre Kinder oder Pflegebefohlenen nicht ohne den Unterricht lassen, welcher für die öffentlichen Volksschulen vorgeschrieben ist.

Art. 22. Unterricht zu ertheilen und Unterrichtsanstalten zu gründen und zu leiten, steht Jedem frei, wenn er seine sittliche, wissenschaftliche und technische Befähigung den betreffenden Staatsbehörden nachgewiesen hat.

Art. 23. Alle öffentlichen und Privat-Unterrichts- und Erziehungsanstalten stehen unter der Aufsicht vom Staate ernannter Behörden.

Die öffentlichen Lehrer haben die Rechte und Pflichten der Staatsdiener.

Art. 24. Bei der Einrichtung der öffentlichen Volksschulen sind die konfessionellen Verhältnisse möglichst zu berücksichtigen.

Den religiösen Unterricht in der Volksschule leiten die betreffenden Religionsgesellschaften.

Die Leitung der äußeren Angelegenheiten der Volks= schule steht der Gemeinde zu. Der Staat stellt unter gesetzlich geordneter Betheiligung der Gemeinden, aus der Zahl der Befähigten die Lehrer der öffentlichen Volks= schulen an.

Art. 25. Die Mittel zur Errichtung, Unterhaltung und Erweiterung der öffentlichen Volksschule werden von den Gemeinden, und im Falle des nachgewiesenen Un= vermögens, ergänzungsweise vom Staate aufgebracht Die auf besonderen Rechtstiteln beruhenden Verpflichtungen Dritter bleiben bestehen.

Der Staat gewährleistet demnach den Volksschul= lehrern ein festes, den Lokalverhältnissen angemessenes Einkommen.

In der öffentlichen Volksschule wird der Unterricht unentgeltlich ertheilt.

Art. 26. Ein besonderes Gesetz regelt das ganze Unterrichtswesen.

Art. 27. Jeder Preuße hat das Recht, durch Wort, Schrift, Druck und bildliche Darstellung seine Meinung frei zu äußern.

Die Censur darf nicht eingeführt werden; jede andere Beschränkung der Preßfreiheit nur im Wege der Gesetz= gebung.

Art. 28. Vergehen, welche durch Wort, Schrift, Druck oder bildliche Darstellung begangen werden, sind nach den allgemeinen Strafgesetzen zu bestrafen.

Art. 29. Alle Preußen sind berechtigt, sich ohne vor= gängige obrigkeitliche Erlaubniß friedlich und ohne Waffen in geschlossenen Räumen zu versammeln.

Diese Bestimmung bezieht sich nicht auf Versammlungen unter freiem Himmel, welche auch in Bezug auf vorgängige obrigkeitliche Erlaubniß der Verfügung des Gesetzes unterworfen sind.

Art. 30. Alle Preußen haben das Recht, sich zu solchen Zwecken, welche den Strafgesetzen nicht zuwiderlaufen, in Gesellschaften zu vereinigen.

Das Gesetz regelt, insbesondere zur Aufrechthaltung der öffentlichen Sicherheit, die Ausübung des in diesem und in dem vorstehenden Artikel (29.) gewährleisteten Rechts.

Politische Vereine können Beschränkungen und vorübergehenden Verboten im Wege der Gesetzgebung unterworfen werden.

Art. 31. Die Bedingungen, unter welchen Korporationsrechte ertheilt oder verweigert werden, bestimmt das Gesetz.

Art. 32. Das Petitionsrecht steht allen Preußen zu. Petitionen unter einem Gesammtnamen sind nur Behörden und Korporationen gestattet.

Art. 33. Das Briefgeheimniß ist unverletzlich. Die bei strafgerichtlichen Untersuchungen und in Kriegsfällen nothwendigen Beschränkungen sind durch die Gesetzgebung festzustellen.

Art. 34. Alle Preußen sind wehrpflichtig. Den Umfang und die Art dieser Pflicht bestimmt das Gesetz.

Art. 35. Das Heer begreift alle Abtheilungen des stehenden Heeres und der Landwehr.

Im Falle des Krieges kann der König nach Maßgabe des Gesetzes den Landsturm aufbieten.

Art. 36. Die bewaffnete Macht kann zur Unterdrückung innerer Unruhen und zur Ausführung der Gesetze nur in den vom Gesetze bestimmten Fällen und Formen und auf Requisition der Civilbehörde verwendet werden. In letzterer Beziehung hat das Gesetz die Ausnahmen zu bestimmen.

Art. 37. Der Militairgerichtsstand des Heeres beschränkt sich auf Strafsachen und wird durch das Gesetz geregelt. Die Bestimmungen über die Militairbisziplin im Heere bleiben Gegenstand besonderer Verordnungen.

Art. 38. Die bewaffnete Macht darf weder in noch außer dem Dienste berathschlagen oder sich anders, als auf Befehl versammeln. Versammlungen und Vereine der Landwehr zur Berathung militairischer Einrichtungen, Befehle und Anordnungen sind auch dann, wenn dieselbe nicht zusammenberufen ist, untersagt.

Art. 39. Auf das Heer finden die in den Artikeln 5. 6. 29. 30. und 32. enthaltenen Bestimmungen nur insoweit Anwendung, als die militärischen Gesetze und Disziplinarvorschriften nicht entgegenstehen.

Art. 40.[4]) Die Errichtung von Lehen und die Stiftung von Familien=Fideikommissen ist untersagt. Die bestehenden Lehen und Familien=Fideikommisse sollen durch gesetzliche Anordnung in freies Eigenthum umgestaltet werden. Auf Familienstiftungen finden diese Bestimmungen keine Anwendung.

Art. 41.[4]) Vorstehende Bestimmungen (Artikel 40.) finden auf die Thronlehen, das Königliche Haus= und Prinzliche Fideikommiß, sowie auf die außerhalb des Staats belegenen Lehen und die ehemals reichsunmittelbaren Besitzungen und Fideikommisse, insofern letztere durch das deutsche Bundesrecht gewährleistet sind, zur Zeit keine Anwendung. Die Rechtsverhältnisse derselben sollen durch besondere Gesetze geordnet werden.

Art. 42.[4]) Das Recht der freien Verfügung über das

---

[4]) Durch Ges. v. 5. Juni 1852 (GS. S. 319) sind Art. 40 u. 41, durch Ges. v. 14. April 1856 (GS. S. 353) ist Art. 42 aufgehoben und durch folgende Bestimmungen ersetzt:

Art. 40. Die Errichtung von Lehen ist untersagt. Der in Bezug auf die vorhandenen Lehen noch bestehende Lehnsverband soll durch gesetzliche Anordnung aufgelöst werden.

Art. 41. Die Bestimmungen des Art. 40 finden auf Thronlehen und auf die außerhalb des Staates liegenden Lehen keine Anwendung.

Art. 42. Ohne Entschädigung bleiben aufgehoben, nach Maßgabe der ergangenen besonderen Gesetze:

Grundeigenthum unterliegt keinen anderen Beschränkungen, als denen der allgemeinen Gesetzgebung. Die Theilbarkeit des Grundeigenthums und die Ablösbarkeit der Grundlasten wird gewährleistet.

Für die todte Hand sind Beschränkungen des Rechts, Liegenschaften zu erwerben und über sie zu verfügen, zulässig.

Aufgehoben ohne Entschädigung sind:

1) Die Gerichtsherrlichkeit, die gutsherrliche Polizei und obrigkeitliche Gewalt, sowie die gewissen Grundstücken zustehenden Hoheitsrechte und Privilegien;

2) die aus diesen Befugnissen, aus der Schutzherrlichkeit, der früheren Erbunterthänigkeit, der früheren Steuer- und Gewerbeverfassung herstammenden Verpflichtungen.

Mit den aufgehobenen Rechten fallen auch die Gegenleistungen und Lasten weg, welche den bisherigen Berechtigten dafür oblagen.

Bei erblicher Ueberlassung eines Grundstückes ist nur die Uebertragung des vollen Eigenthums zulässig; jedoch kann auch hier ein fester ablösbarer Zins vorbehalten werden.

Die weitere Ausführung dieser Bestimmungen bleibt besonderen Gesetzen vorbehalten.

Titel III. Vom Könige.

Art. 43. Die Person des Königs ist unverletzlich.

Art. 44. Die Minister des Königs sind verantwortlich. Alle Regierungsakte des Königs bedürfen zu ihrer Gültig-

---

1. Das mit dem Besitze gewisser Grundstücke verbundene Recht der Ausübung oder Übertragung der richterlichen Gewalt und die aus diesem Rechte fließenden Exemptionen und Abgaben;

2. die aus dem gerichts- und schutzherrlichen Verbande, der früheren Erbunterthänigkeit, der früheren Steuer- und Gewerbe-Verfassung herstammenden Verpflichtungen.

Mit den aufgehobenen Rechten fallen auch die Gegenleistungen und Lasten weg, welche den bisher Berechtigten dafür oblagen.

keit der Gegenzeichnung eines Ministers, welcher dadurch die Verantwortlichkeit übernimmt.

Art. 45. Dem Könige allein steht die vollziehende Gewalt zu. Er ernennt und entläßt die Minister. Er befiehlt die Verkündigung der Gesetze und erläßt die zu deren Ausführung nöthigen Verordnungen.

Art. 46. Der König führt den Oberbefehl über das Heer.

Art. 47. Der König besetzt alle Stellen im Heere, sowie in den übrigen Zweigen des Staatsdienstes, sofern nicht das Gesetz ein Anderes verordnet.

Art. 48. Der König hat das Recht, Krieg zu erklären und Frieden zu schließen, auch andere Verträge mit fremden Regierungen zu errichten. Letztere bedürfen zu ihrer Gültigkeit der Zustimmung der Kammern, sofern es Handelsverträge sind, oder wenn dadurch dem Staate Lasten oder einzelnen Staatsbürgern Verpflichtungen auferlegt werden.

Art. 49. Der König hat das Recht der Begnadigung und Strafmilderung.

Zu Gunsten eines wegen seiner Amtshandlungen verurtheilten Ministers kann dieses Recht nur auf Antrag derjenigen Kammer ausgeübt werden, von welcher die Anklage ausgegangen ist.

Der König kann bereits eingeleitete Untersuchungen nur auf Grund eines besonderen Gesetzes niederschlagen.

Art. 50. Dem Könige steht die Verleihung von Orden und anderen mit Vorrechten nicht verbundenen Auszeichnungen zu.

Er übt das Münzrecht nach Maaßgabe des Gesetzes.

Art. 51. Der König beruft die Kammern und schließt ihre Sitzungen. Er kann sie entweder beide[5]) zugleich oder auch nur eine auflösen. Es müssen aber in einem solchen Falle innerhalb eines Zeitraums von sechszig Tagen nach der Auflösung die Wähler und innerhalb eines Zeitraums von neunzig Tagen nach der Auflösung die Kammern versammelt werden.

---

[5]) Vgl. unten Anm. 7 zu Art. 65—68.

Art. 52. Der König kann die Kammern vertagen. Ohne deren Zustimmung darf diese Vertagung die Frist von dreißig Tagen nicht übersteigen und während derselben Session nicht wiederholt werden.

Art. 53. Die Krone ist, den Königlichen Hausgesetzen gemäß, erblich in dem Mannsstamme des Königlichen Hauses nach dem Rechte der Erstgeburt und der agnatischen Linealfolge.

Art. 54. Der König wird mit Vollendung des achtzehnten Lebensjahres volljährig.

Er leistet in Gegenwart der vereinigten Kammern das eidliche Gelöbniß, die Verfassung des Königreichs fest und unverbrüchlich zu halten und in Uebereinstimmung mit derselben und den Gesetzen zu regieren.

Art. 55. Ohne Einwilligung beider Kammern kann der König nicht zugleich Herrscher fremder Reiche sein.

Art. 56. Wenn der König minderjährig oder sonst dauernd verhindert ist, selbst zu regieren, so übernimmt derjenige volljährige Agnat (Art. 53.), welcher der Krone am nächsten steht, die Regentschaft. Er hat sofort die Kammern zu berufen, die in vereinigter Sitzung über die Nothwendigkeit der Regentschaft beschließen.

Art. 57. Ist kein volljähriger Agnat vorhanden und nicht bereits vorher gesetzliche Fürsorge für diesen Fall getroffen, so hat das Staatsministerium die Kammern zu berufen, welche in vereinigter Sitzung einen Regenten erwählen. Bis zum Antritt der Regentschaft von Seiten desselben führt das Staatsministerium die Regierung.

Art. 58. Der Regent übt die dem Könige zustehende Gewalt in dessen Namen aus. Derselbe schwört nach Einrichtung der Regentschaft vor den vereinigten Kammern einen Eid, die Verfassung des Königreichs fest und unverbrüchlich zu halten und in Uebereinstimmung mit derselben und den Gesetzen zu regieren.

Bis zu dieser Eidesleistung bleibt in jedem Falle das bestehende gesammte Staatsministerium für alle Regierungshandlungen verantwortlich.

Art. 59. Dem Kron=Fideikommißfonds verbleibt die durch das Gesetz vom 17. Januar 1820. auf die Einkünfte der Domainen und Forsten angewiesene Rente.

Tit. IV. Von den Ministern.

Art. 60. Die Minister, sowie die zu ihrer Vertretung abgeordneten Staatsbeamten haben Zutritt zu jeder Kammer und müssen auf ihr Verlangen zu jeder Zeit gehört werden.

Jede Kammer kann die Gegenwart der Minister ver= langen.

Die Minister haben in einer oder der anderen Kammer nur dann Stimmrecht, wenn sie Mitglieder derselben sind.

Art. 61. Die Minister können durch Beschluß einer Kammer wegen des Verbrechens der Verfassungsverletzung, der Bestechung und des Verrathes angeklagt werden. Ueber solche Anklage entscheidet der oberste Gerichtshof der Monarchie in vereinigten Senaten. So lange noch zwei oberste Gerichtshöfe bestehen, treten dieselben zu obigem Zwecke zusammen.

Die näheren Bestimmungen über die Fälle der Ver= antwortlichkeit, über das Verfahren und über die Strafen werden einem besonderen Gesetze vorbehalten.

Tit. V. Von den Kammern*).

Art. 62. Die gesetzgebende Gewalt wird gemeinschaft= lich durch den König und durch zwei Kammern ausgeübt.

Die Uebereinstimmung des Königs und beider Kammern ist zu jedem Gesetze erforderlich.

Finanzgesetz=Entwürfe und Staatshaushalts=Etats werden zuerst der zweiten Kammer vorgelegt; letztere werden von der ersten Kammer im Ganzen angenommen oder abgelehnt.

---

*) Ges. v. 30. Mai 1855 (GS. S. 316). § 1. Die Erste Kammer wird fortan das Herrenhaus, die Zweite Kammer das Haus der Abgeordneten genannt.

Art. 63. Nur in dem Falle, wenn die Aufrechthal=
tung der öffentlichen Sicherheit, oder die Beseitigung eines
ungewöhnlichen Nothstandes es dringend erfordert, können,
insofern die Kammern nicht versammelt sind, unter Ver=
antwortlichkeit des gesammten Staatsministeriums, Ver=
ordnungen, die der Verfassung nicht zuwiderlaufen, mit
Gesetzeskraft erlassen werden. Dieselben sind aber den
Kammern bei ihrem nächsten Zusammentritt zur Genehmigung
sofort vorzulegen.

Art. 64. Dem Könige, sowie jeder Kammer, steht
das Recht zu, Gesetze vorzuschlagen.

Gesetzesvorschläge, welche durch eine der Kammern
oder den König verworfen worden sind, können in der=
selben Sitzungsperiode nicht wieder vorgebracht werden.

Art. 65. [7]) Die erste Kammer besteht:

a) aus den großjährigen Königlichen Prinzen;

b) aus den Häuptern der ehemals unmittelbaren reichs=
ständischen Häuser in Preußen — und aus den
Häuptern derjenigen Familien, welchen durch König=
liche Verordnung das nach der Erstgeburt und Lineal=
folge zu vererbende Recht auf Sitz und Stimme
in der ersten Kammer beigelegt wird. In dieser
Verordnung werden zugleich die Bedingungen fest=
gesetzt, durch welche dieses Recht an einen bestimmten
Grundbesitz geknüpft ist. Das Recht kann durch
Stellvertretung nicht ausgeübt werden und ruht
während der Minderjährigkeit oder während eines
Dienstverhältnisses zu der Regierung eines nicht=
deutschen Staats, ferner auch so lange der Be=
rechtigte seinen Wohnsitz außerhalb Preußen hat;

c) aus solchen Mitgliedern, welche der König auf
Lebenszeit ernennt. Ihre Zahl darf den zehnten
Theil der zu a. und b. genannten Mitglieder nicht
übersteigen;

---

[7]) An Stelle der Art. 65—68 sind durch Ges. v. 7. Mai
1853 (GS. S. 181) folgende Bestimmungen getreten:

d) aus neunzig Mitgliedern, welche in Wahlbezirken, die das Gesetz feststellt, durch die dreißigfache Zahl derjenigen Urwähler (Art. 70.), welche die höchsten direkten Staatssteuern bezahlen, durch direkte Wahl nach Maßgabe des Gesetzes gewählt werden;

e) aus dreißig, nach Maßgabe des Gesetzes von den Gemeinderäthen gewählten Mitgliedern aus den größeren Städten des Landes.

Die Gesammtzahl der unter a. bis c. genannten Mitglieder darf die Zahl der unter d. und e. bezeichneten nicht übersteigen.

Eine Auflösung der ersten Kammer bezieht sich nur auf die aus Wahl hervorgegangenen Mitglieder.

Art. 66.[7]) Die Bildung der ersten Kammer in der Art. 65. bestimmten Weise tritt am 7. August des Jahres 1852. ein.

Bis zu diesem Zeitpunkte verbleibt es bei dem Wahlgesetze für die erste Kammer vom 6. Dezember 1848.

Art. 67.[7]) Die Legislatur-Periode der ersten Kammer wird auf sechs Jahre festgesetzt.

Art. 68.[7]) Wählbar zum Mitgliede der ersten Kammer ist jeder Preuße, der das vierzigste Lebensjahr vollendet, den Vollbesitz der bürgerlichen Rechte in Folge rechtskräftigen richterlichen Erkenntnisses nicht verloren und bereits fünf Jahre lang dem preußischen Staatsverbande angehört hat.

Die Mitglieder der ersten Kammer erhalten weder Reisekosten, noch Diäten.

Art. 69.   Die zweite Kammer besteht aus dreihundert und funfzig[8]) Mitgliedern.   Die Wahlbezirke werden durch

Die Erste Kammer wird durch Königl. Anordnung gebildet, welche nur durch ein mit Zustimmung der Kammern zu erlassendes Gesetz abgeändert werden kann.

Die Erste Kammer wird zusammengesetzt aus Mitgliedern, welche der König mit erblicher Berechtigung oder auf Lebenszeit beruft.

[7]) In Folge der Gesetze v. 30. April 1851 (GS. S. 213), 17. Mai 1867 (GS. S. 1481) u. 23. Juni 1876 (GS. S. 169) beträgt die Zahl jetzt 433.

das Gesetz festgestellt. Sie können aus einem oder meh=
reren Kreisen oder aus einer oder mehreren der größeren
Städte bestehen.

Art. 70. Jeder Preuße, welcher das fünf und zwanzigste
Lebensjahr vollendet hat und in der Gemeinde, in welcher
er seinen Wohnsitz hat, die Befähigung zu den Gemeinde=
wahlen besitzt, ist stimmberechtigter Urwähler.

Wer in mehreren Gemeinden an den Gemeindewahlen
Theil zu nehmen berechtigt ist, darf das Recht als Ur=
wähler nur in Einer Gemeinde ausüben.

Art. 71. Auf jede Vollzahl von zweihundert und
funfzig Seelen der Bevölkerung ist ein Wahlmann zu
wählen. Die Urwähler werden nach Maaßgabe der von
ihnen zu entrichtenden direkten Staatssteuern in drei Ab=
theilungen getheilt, und zwar in der Art, daß auf jede
Abtheilung ein Drittheil der Gesammtsumme der Steuer=
beträge aller Urwähler fällt.

Die Gesammtsumme wird berechnet:

a) gemeindeweise, falls die Gemeinde einen Urwahl=
bezirk für sich bildet;

b) bezirksweise, falls der Urwahlbezirk aus mehreren
Gemeinden zusammengesetzt ist.

Die erste Abtheilung besteht aus denjenigen Urwählern,
auf welche die höchsten Steuerbeträge bis zum Belaufe
eines Drittheils der Gesammtsteuer fallen.

Die zweite Abtheilung besteht aus denjenigen Ur=
wählern, auf welche die nächst niedrigeren Steuerbeträge
bis zur Gränze des zweiten Drittheils fallen.

Die dritte Abtheilung besteht aus den am niedrigsten
besteuerten Urwählern, auf welche das dritte Drittheil
fällt.

Jede Abtheilung wählt besonders und zwar ein Dritt=
theil der zu wählenden Wahlmänner.

Die Abtheilungen können in mehrere Wahlverbände
eingetheilt werden, deren keiner mehr als fünfhundert Ur=
wähler in sich schließen darf.

Die Wahlmänner werden in jeder Abtheilung aus der Zahl der stimmberechtigten Urwähler des Urwahlbezirks ohne Rücksicht auf die Abtheilungen gewählt.

Art. 72.   Die Abgeordneten werden durch die Wahl= männer gewählt.

Das Nähere über die Ausführung der Wahlen bestimmt das Wahlgesetz, welches auch die Anordnung für diejenigen Städte zu treffen hat, in denen an Stelle eines Theils der direkten Steuern die Mahl= und Schlachtsteuer erhoben wird.

Art. 73.[9])   Die Legislatur=Periode der zweiten Kammer wird auf drei Jahre festgesetzt.

Art. 74.   Zum Abgeordneten der zweiten Kammer ist jeder Preuße wählbar, der das dreißigste Lebensjahr voll= endet, den Vollbesitz der bürgerlichen Rechte in Folge rechts= kräftigen richterlichen Erkenntnisses nicht verloren und bereits drei Jahre dem preußischen Staatsverbande ange= hört hat[10]).

Art. 75.   Die Kammern werden nach Ablauf ihrer Legislatur=Periode neu gewählt. Ein Gleiches geschieht im Falle der Auflösung. In beiden Fällen sind die bis= herigen Mitglieder wieder wählbar.

Art. 76.[11])   Die Kammern werden durch den König

---

[9]) An Stelle des Art. 73 ist durch Gesetz v. 27. Mai 1888 (GS. S. 137) folgende Bestimmung getreten:
Die Legislaturperiode des Hauses der Abgeordneten dauert fünf Jahre.

[10]) Durch Gesetz v. 27. März 1872 (GS. S. 277) ist dem Art. 74 folgender Zusatz hinzugetreten:
Der Präsident und die Mitglieder der Ober=Rechnungs= kammer können nicht Mitglieder eines der beiden Häuser des Landtages sein.

[11]) An Stelle des Art. 76 ist durch Gesetz v. 18. Mai 1857 (GS. S. 369) folgende Bestimmung getreten:
Die beiden Häuser des Landtages der Monarchie werden durch den König regelmäßig in dem Zeitraume von dem Anfange des Monats November jeden Jahres bis zur Mitte des folgen= den Januar, und außerdem, so oft es die Umstände erheischen, einberufen.

regelmäßig im Monat November jeden Jahres, und außerdem, so oft es die Umstände erheischen, einberufen.

Art. 77. Die Eröffnung und die Schließung der
Kammern geschieht durch den König in Person oder durch
einen dazu von ihm beauftragten Minister in einer Sitzung
der vereinigten Kammern.

Beide Kammern werden gleichzeitig berufen, eröffnet,
vertagt und geschlossen.

Wird eine Kammer aufgelöst, so wird die andere gleichzeitig vertagt.

Art. 78. Jede Kammer prüft die Legitimation ihrer
Mitglieder und entscheidet darüber. Sie regelt ihren Geschäftsgang und ihre Disziplin durch eine Geschäftsordnung
und erwählt ihren Präsidenten, ihre Vicepräsidenten und
Schriftführer.

Beamte bedürfen keines Urlaubs zum Eintritt in die
Kammer.

Wenn ein Kammermitglied ein besoldetes Staatsamt
annimmt oder im Staatsdienste in ein Amt eintritt, mit
welchem ein höherer Rang oder ein höheres Gehalt verbunden ist, so verliert es Sitz und Stimme in der Kammer
und kann seine Stelle in derselben nur durch neue Wahl
wieder erlangen.

Niemand kann Mitglied beider Kammern sein.

Art. 79. Die Sitzungen beider Kammern sind öffentlich.
Jede Kammer tritt auf den Antrag ihres Präsidenten oder
von zehn Mitgliedern zu einer geheimen Sitzung zusammen, in
welcher dann zunächst über diesen Antrag zu beschließen ist.

Art. 80.[12]) Keine der beiden Kammern kann einen Be-

---

[12]) Ges. v. 30. Mai 1855 (GS. S. 316):

Das Herrenhaus kann keinen Beschluß fassen, wenn nicht
mindestens sechzig der nach Maßgabe der Verordnung vom
12. Oktober 1854 zu Sitz und Stimme berufenen Mitglieder
anwesend sind.

Der Art. 80 der Verfassungsurkunde ist aufgehoben, insoweit er diesem Gesetze zuwiderläuft.

schluß fassen, wenn nicht die Mehrheit der gesetzlichen
Anzahl ihrer Mitglieder anwesend ist.   Jede Kammer faßt
ihre Beschlüsse nach absoluter Stimmenmehrheit, vorbe=
haltlich der durch die Geschäftsordnung für Wahlen etwa
zu bestimmenden Ausnahmen.

Art. 81. Jede Kammer hat für sich das Recht, Adressen
an den König zu richten.

Niemand darf den Kammern oder einer derselben in
Person eine Bittschrift oder Adresse überreichen.

Jede Kammer kann die an sie gerichteten Schriften
an die Minister überweisen und von denselben Auskunft
über eingehende Beschwerden verlangen.

Art. 82. Eine jede Kammer hat die Befugniß, Behufs
ihrer Information Kommissionen zur Untersuchung von
Thatsachen zu ernennen.

Art. 83.   Die Mitglieder beider Kammern sind Ver=
treter des ganzen Volkes. Sie stimmen nach ihrer freien
Ueberzeugung und sind an Aufträge und Instruktionen
nicht gebunden.

Art. 84. Sie können für ihre Abstimmungen in der
Kammer niemals, für ihre darin ausgesprochenen Mei=
nungen nur innerhalb der Kammer auf den Grund der
Geschäftsordnung (Art. 78.) zur Rechenschaft gezogen
werden.

Kein Mitglied einer Kammer kann ohne deren Ge=
nehmigung während der Sitzungsperiode wegen einer mit
Strafe bedrohten Handlung zur Untersuchung gezogen oder
verhaftet werden, außer wenn es bei Ausübung der That
oder im Laufe des nächstfolgenden Tages nach derselben
ergriffen wird.

Gleiche Genehmigung ist bei einer Verhaftung wegen
Schulden nothwendig.

Jedes Strafverfahren gegen ein Mitglied der Kammer
und eine jede Untersuchungs= oder Civilhaft wird für die
Dauer der Sitzungsperiode aufgehoben, wenn die betreffende
Kammer es verlangt.

Art. 85. Die Mitglieder der zweiten Kammer erhalten aus der Staatskasse Reisekosten und Diäten nach Maaßgabe des Gesetzes. Ein Verzicht hierauf ist unstatthaft.

Tit. VI. Von der richterlichen Gewalt.

Art. 86. Die richterliche Gewalt wird im Namen des Königs durch unabhängige, keiner anderen Autorität als der des Gesetzes unterworfene Gerichte ausgeübt.

Die Urtheile werden im Namen des Königs ausgefertigt und vollstreckt.

Art. 87. Die Richter werden vom Könige oder in dessen Namen auf ihre Lebenszeit ernannt.

Sie können nur durch Richterspruch aus Gründen, welche die Gesetze vorgesehen haben, ihres Amtes entsetzt oder zeitweise enthoben werden. Die vorläufige Amtssuspension, welche nicht kraft des Gesetzes eintritt, und die unfreiwillige Versetzung an eine andere Stelle oder in den Ruhestand können nur aus den Ursachen und unter den Formen, welche im Gesetze angegeben sind, und nur auf Grund eines richterlichen Beschlusses erfolgen.

Auf die Versetzungen, welche durch Veränderungen in der Organisation der Gerichte oder ihrer Bezirke nöthig werden, finden diese Bestimmungen keine Anwendung[13]).

Art. 88.[14]) Den Richtern dürfen andere besoldete Staatsämter fortan nicht übertragen werden. Ausnahmen sind nur auf Grund eines Gesetzes zulässig.

Art. 89. Die Organisation der Gerichte wird durch das Gesetz bestimmt.

Art. 90. Zu einem Richteramte darf nur der be=

---

[13]) Durch Gesetz v. 19. Februar 1879 (GS. S. 18) ist eingestellt:

Art. 87a. Bei der Bildung gemeinschaftlicher Gerichte für Preußische Gebietstheile und Gebiete anderer Bundesstaaten sind Abweichungen von den Bestimmungen des Artikels 86 und des ersten Absatzes im Artikel 87 zulässig.

[14]) Aufgehoben durch Gesetz v. 30. April 1856 (GS. S. 297).

rufen werden, welcher sich zu bemselben nach Vorschrift der Gesetze befähigt hat.

Art. 91. Gerichte für besondere Klassen von Ange=legenheiten, insbesondere Handels= und Gewerbegerichte sollen im Wege der Gesetzgebung an den Orten errichtet werden, wo das Bedürfniß solche erfordert.

Die Organisation und Zuständigkeit solcher Gerichte, das Verfahren bei denselben, die Ernennung ihrer Mitglieder, die besonderen Verhältnisse der letzteren und die Dauer ihres Amtes werden durch das Gesetz festgestellt.

Art. 92. Es soll in Preußen nur Ein oberster Ge=richtshof bestehen.

Art. 93. Die Verhandlungen vor dem erkennenden Gerichte in Civil= und Strafsachen sollen öffentlich sein. Die Oeffentlichkeit kann jedoch durch einen öffentlich zu verkünbenden Beschluß des Gerichts ausgeschlossen werden, wenn sie der Ordnung oder den guten Sitten Gefahr droht.

In anderen Fällen kann die Oeffentlichkeit nur durch Gesetze beschränkt werden.

Art. 94. [15]) Bei den mit schweren Strafen bedrohten Verbrechen, bei allen politischen Verbrechen und bei allen Preßvergehen, welche das Gesetz nicht ausdrücklich aus=nimmt, erfolgt die Entscheidung über die Schuld des An=geklagten durch Geschworene.

Die Bildung des Geschworenengerichts regelt das Gesetz.

Art. 95. [15]) Es kann durch ein mit vorheriger Zustimmung der Kammern zu erlassendes Gesetz ein besonderer Schwur=gerichtshof errichtet werden, dessen Zuständigkeit die Ver=brechen des Hochverraths und diejenigen schweren Ver=

---

[15]) An Stelle der Art. 94 u. 95 sind durch Gesetz vom 21. Mai 1852 (GS. S. 249) andere Bestimmungen getreten. Vgl. aber jetzt GVG. § 12. 13. 136, No. 1 (s. o. S. 64 f.), sowie § 80.

brechen gegen die innere und äußere Sicherheit des Staats, welche ihm durch das Gesetz überwiesen werden, begreift. Die Bildung der Geschworenen bei diesem Gerichte regelt das Gesetz.

Art. 96. Die Kompetenz der Gerichte und Verwaltungsbehörden wird durch das Gesetz bestimmt. Ueber Kompetenzkonflikte zwischen den Verwaltungs= und Gerichtsbehörden entscheidet ein durch das Gesetz bezeichneter Gerichtshof.

Art. 97. Die Bedingungen, unter welchen öffentliche Civil= und Militairbeamte wegen durch Ueberschreitung ihrer Amtsbefugnisse verübter Rechtsverletzungen gerichtlich in Anspruch genommen werden können, bestimmt das Gesetz. Eine vorgängige Genehmigung der vorgesetzten Dienstbehörde darf jedoch nicht verlangt werden.

Tit. VII.
Von den nicht zum Richterstande gehörigen Staatsbeamten.

Art. 98. Die besonderen Rechtsverhältnisse der nicht zum Richterstande gehörigen Staatsbeamten, einschließlich der Staatsanwälte, sollen durch ein Gesetz geregelt werden, welches, ohne die Regierung in der Wahl der ausführenden Organe zweckwidrig zu beschränken, den Staatsbeamten gegen willkürliche Entziehung von Amt und Einkommen angemessenen Schutz gewährt.

Tit. VIII. Von den Finanzen.

Art. 99. Alle Einnahmen und Ausgaben des Staats müssen für jedes Jahr im Voraus veranschlagt und auf den Staatshaushalts=Etat gebracht werden. Letzterer wird jährlich durch ein Gesetz festgestellt.

Art. 100. Steuern und Abgaben für die Staatskasse dürfen nur, soweit sie in den Staatshaushalts=Etat aufgenommen oder durch besondere Gesetze angeordnet sind, erhoben werden.

Art. 101. In Betreff der Steuern können Bevorzugungen nicht eingeführt werden.

Die bestehende Steuergesetzgebung wird einer Revision unterworfen und dabei jede Bevorzugung abgeschafft.

Art. 102.   Gebühren können Staats= oder Kommunal=beamte nur auf Grund des Gesetzes erheben.

Art. 103.   Die Aufnahme von Anleihen für die Staats=kasse findet nur auf Grund eines Gesetzes statt.   Dasselbe gilt von der Uebernahme von Garantieen zu Lasten des Staats.

Art. 104.   Zu Etats-Ueberschreitungen ist die nach=trägliche Genehmigung der Kammern erforderlich.

Die Rechnungen über den Staatshaushalts=Etat werden von der Ober=Rechnungskammer geprüft und festgestellt. Die allgemeine Rechnung über den Staatshaushalt jeden Jahres, einschließlich einer Uebersicht der Staatsschulden, wird mit den Bemerkungen der Ober=Rechnungskammer zur Entlastung der Staatsregierung den Kammern vor=gelegt.

Ein besonderes Gesetz wird die Einrichtung und die Befugnisse der Ober=Rechnungskammer bestimmen.

Tit. IX.
Von den Gemeinden, Kreis=, Bezirks= und Provinzial=Verbänden.

Art. 105.[10])   Die Vertretung und Verwaltung der Gemeinden, Kreise, Bezirke und Provinzen des preußischen Staats wird durch besondere Gesetze unter Festhaltung folgender Grundsätze näher bestimmt:

1) Ueber die innern und besondern Angelegenheiten der Provinzen, Bezirke, Kreise und Gemeinden be=schließen aus gewählten Vertretern bestehende Ver=sammlungen, deren Beschlüsse durch die Vorsteher der Provinzen, Bezirke, Kreise und Gemeinden aus=geführt werden.

---

[10]) An Stelle des Art. 105 ist durch Ges. v. 24. Mai 1853 (GS. S. 228) folgende Bestimmung getreten:

Die Vertretung und Verwaltung der Gemeinden, Kreise und Provinzen des Preußischen Staats wird durch besondere Gesetze näher bestimmt.

Das Gesetz wird die Fälle bestimmen, in welchen die Beschlüsse dieser Vertretungen der Genehmigung einer höheren Vertretung oder der Staatsregierung unterworfen sind.

2) Die Vorsteher der Provinzen, Bezirke und Kreise werden von dem Könige ernannt.

Ueber die Betheiligung des Staats bei der An= stellung der Gemeindevorsteher und über die Aus= übung des den Gemeinden zustehenden Wahlrechts wird die Gemeindeordnung das Nähere bestimmen.

3) Den Gemeinden insbesondere steht die selbst= ständige Verwaltung ihrer Gemeindeangelegen= heiten unter gesetzlich geordneter Oberaufsicht des Staats zu.

Ueber die Betheiligung der Gemeinden bei Ver= waltung der Ortspolizei bestimmt das Gesetz.

Zur Aufrechterhaltung der Ordnung kann nach näherer Bestimmung des Gesetzes durch Gemeinde= beschluß eine Gemeinde=Schutz= oder Bürgerwehr errichtet werden.

4) Die Berathungen der Provinzial=, Kreis= und Ge= meindevertretungen sind öffentlich. Die Ausnahmen bestimmt das Gesetz. Ueber die Einnahmen und Ausgaben muß wenigstens jährlich ein Bericht ver= öffentlicht werden.

Allgemeine Bestimmungen.

Art. 106. Gesetze und Verordnungen sind verbindlich, wenn sie in der vom Gesetze vorgeschriebenen Form be= kannt gemacht worden sind.

Die Prüfung der Rechtsgültigkeit gehörig verkündeter Königlicher Verordnungen steht nicht den Behörden, sondern nur den Kammern zu.

Art. 107. Die Verfassung kann auf dem ordent= lichen Wege der Gesetzgebung abgeändert werden, wo= bei in jeder Kammer die gewöhnliche absolute Stimmenmehrheit bei zwei Abstimmungen, zwischen welchen ein Zeitraum von wenigstens ein und zwanzig Tagen liegen muß, genügt.

Art. 108. Die Mitglieder der beiden Kammern und alle Staatsbeamte leisten dem Könige den Eid der Treue und des Gehorsams und beschwören die gewissenhafte Beobachtung der Verfassung.

Eine Vereidigung des Heeres auf die Verfassung findet nicht statt.

Art. 109. Die bestehenden Steuern und Abgaben werden forterhoben, und alle Bestimmungen der bestehenden Gesetzbücher, einzelnen Gesetze und Verordnungen, welche der gegenwärtigen Verfassung nicht zuwiderlaufen, bleiben in Kraft, bis sie durch ein Gesetz abgeändert werden.

Art. 110. Alle durch die bestehenden Gesetze angeord-neten Behörden bleiben bis zur Ausführung der sie be-treffenden organischen Gesetze in Thätigkeit.

Art. 111. Für den Fall eines Krieges oder Aufruhrs können bei dringender Gefahr für die öffentliche Sicher-heit die Artikel 5. 6. 7. 27. 28. 29. 30. und 36. der Ver-fassungs-Urkunde zeit- und distriktsweise außer Kraft gesetzt werden. Das Nähere bestimmt das Gesetz.

Uebergangsbestimmungen.

Art. 112. Bis zum Erlaß des im Artikel 26. vor-gesehenen Gesetzes bewendet es hinsichtlich des Schul- und Unterrichtswesens bei den jetzt geltenden gesetzlichen Be-stimmungen.

Art. 113. Vor der erfolgten Revision des Strafrechts wird über Vergehen, welche durch Wort, Schrift, Druck oder bildliche Darstellung begangen werden, ein besonders Gesetz ergehen.

Art. 114.[17] Bis zur Emanirung der neuen Gemeinde-ordnung bleibt es bei den bisherigen Bestimmungen hin-sichtlich der Polizeiverwaltung.

---

[17] Aufgehoben durch Gesetz v. 14. April 1856 (GS. S. 353).

Art. 115. Bis zum Erlasse des im Artikel 72. vor=
gesehenen Wahlgesetzes bleibt die Verordnung vom 30. Mai
1849., die Wahl der Abgeordneten zur zweiten Kammer
betreffend, in Kraft.

Art. 116. Die noch bestehenden beiden obersten Ge=
richtshöfe sollen zu einem Einzigen vereinigt werden. Die
Organisation erfolgt durch ein besonderes Gesetz.

Art. 117. Auf die Ansprüche der vor Verkündigung
der Verfassungs=Urkunde etatsmäßig angestellten Staats=
beamten soll im Staatsdienergesetz besondere Rücksicht ge=
nommen werden.

Art. 118. Sollten durch die für den deutschen Bundes=
staat auf Grund des Entwurfs vom 26. Mai 1849. festzu=
stellende Verfassung Abänderungen der gegenwärtigen Ver=
fassung nöthig werden, so wird der König dieselben an=
ordnen und diese Anordnungen den Kammern bei ihrer
nächsten Versammlung mittheilen.

Die Kammern werden dann Beschluß darüber fassen,
ob die vorläufig angeordneten Abänderungen mit der Verfas=
sung des deutschen Bundesstaats in Uebereinstimmung stehen.

Art. 119. Das im Artikel 54. erwähnte eidliche Ge=
löbniß des Königs, sowie die vorgeschriebene Vereidigung
der beiden Kammern und aller Staatsbeamten, erfolgen
sogleich nach der auf dem Wege der Gesetzgebung voll=
endeten gegenwärtigen Revision dieser Verfassung (Art. 62.
und 108.).

Urkundlich unter Unserer Höchsteigenhändigen Unter=
schrift und beigedrucktem Königlichen Insiegel.

Gegeben Charlottenburg, den 31. Januar 1850.

(L. S.)   Friedrich Wilhelm.

Graf v. Brandenburg. v. Ladenberg. v. Manteuffel.
v. Strotha. v. d. Heydt. v. Rabe. Simons.
v. Schleinitz.

23. Gesetz über die allgemeine Landes=verwaltung.
Vom 30. Juli 1883.
(GS. S. 195—236; Brauchitsch 1, S. 19—161.)

§ 1. Die Verwaltungseintheilung des Staatsgebiets in Provinzen, Regierungsbezirke und Kreise bleibt mit der Maßgabe bestehen, daß die Stadt Berlin aus der Provinz Brandenburg ausscheidet und einen Verwaltungsbezirk für sich bildet.

§ 3. Die Geschäfte der allgemeinen Landesverwaltung werden, soweit sie nicht anderen Behörden überwiesen sind, unter Oberleitung der Minister, in den Provinzen von den Oberpräsidenten, in den Regierungsbezirken von den Regierungspräsidenten und den Regierungen, in den Kreisen von den Landräthen geführt.

Die Oberpräsidenten, die Regierungspräsidenten und die Landräthe handeln innerhalb ihres Geschäftskreises selbstständig unter voller persönlicher Verantwortlichkeit, vorbehaltlich der kollegialischen Behandlung der durch die Gesetze bezeichneten Angelegenheiten.

§ 4. Zur Mitwirkung bei den Geschäften der allgemeinen Landesverwaltung nach näherer Vorschrift der Gesetze bestehen für die Provinz am Amtssitze des Oberpräsidenten der Provinzialrath, für den Regierungsbezirk am Amtssitze des Regierungspräsidenten der Bezirksausschuß, für den Kreis am Amtssitze des Landraths der Kreisausschuß.

An die Stelle des Kreisausschusses tritt in den durch die Gesetze vorgesehenen Fällen in den Stadtkreisen, in welchen ein Kreisausschuß nicht besteht, der Stadtausschuß, in den einem Landkreise angehörigen Städten mit mehr als 10 000 Einwohnern der Magistrat (kollegialische Gemeindevorstand).

In Stadtgemeinden, in welchen der Bürgermeister allein den Gemeindevorstand bildet, treten für die in dem zweiten Absatze bezeichneten Fälle an die Stelle des Magistrats der Bürgermeister und die Beigeordneten als Kollegium.

§ 7. Die Verwaltungsgerichtsbarkeit (Entscheidung im Verwaltungsstreitverfahren) wird durch die Kreis= (Stadt=) Ausschüsse und die Bezirksausschüsse als Verwaltungs= gerichte, sowie durch das in Berlin für den ganzen Um= fang der Monarchie bestehende Oberverwaltungsgericht ausgeübt. Die Entscheidungen ergehen unbeschadet aller privatrechtlichen Verhältnisse.

Die sachliche Zuständigkeit dieser Behörden zur Ent= scheidung in erster Instanz wird durch besondere gesetzliche Bestimmungen geregelt.

Die Bezirksausschüsse treten überall an die Stelle der Deputationen für das Heimathwesen.

Wo in besonderen Gesetzen das Verwaltungsgericht genannt wird, ist darunter im Zweifel der Bezirksausschuß zu verstehen.

§ 8. An der Spitze der Verwaltung der Provinz steht der Oberpräsident. Demselben wird ein Oberpräsidialrath und die erforderliche Anzahl von Räthen und Hülfs= arbeitern beigegeben, welche die Geschäfte nach seinen An= weisungen bearbeiten. Auch ist der Oberpräsident befugt, die Mitglieder der an seinem Amtssitz befindlichen Re= gierung, sowie die dem Regierungspräsidenten daselbst bei= gegebenen Beamten (§ 19 Absatz 1) zur Bearbeitung der ihm übertragenen Geschäfte heranzuziehen.

§ 10. Der Provinzialrath besteht aus dem Ober= präsidenten beziehungsweise dessen Stellvertreter als Vor= sitzenden, aus einem von dem Minister des Innern auf die Dauer seines Hauptamtes am Sitze des Oberpräsidenten ernannten höheren Verwaltungsbeamten beziehungsweise dessen Stellvertreter und aus fünf Mitgliedern, welche vom Provinzialausschusse aus der Zahl der zum Provinzial= landtage wählbaren Provinzialangehörigen gewählt werden.

Für die letzteren werden in gleicher Weise fünf Stellver=
treter gewählt.

Von der Wählbarkeit ausgeschlossen sind der Ober=
präsident, die Regierungspräsidenten, die Vorsteher König=
licher Polizeibehörden, die Landräthe und die Beamten des
Provinzialverbandes.

§ 17. An die Spitze der Bezirksregierung am Sitze
des Oberpräsidenten tritt, unter Wegfall des Regierungs=
vizepräsidenten, ein Regierungspräsident. Der Oberpräsident
ist fortan nicht mehr Präsident dieser Regierung.

§ 18. Die Regierungsabtheilung des Innern wird
aufgehoben. Die Geschäfte derselben werden, soweit nicht
durch das gegenwärtige Gesetz abweichende Bestimmungen
getroffen sind, von dem Regierungspräsidenten mit den der
Regierung zustehenden Befugnissen verwaltet.

§ 19. Dem Regierungspräsidenten wird für die ihm
persönlich übertragenen Angelegenheiten ein Oberregierungs=
rath und die erforderliche Anzahl von Räthen und Hülfs=
arbeitern, von denen mindestens einer die Befähigung zum
Richteramte haben muß, beigegeben, welche die Geschäfte
nach seinen Anweisungen bearbeiten.

Diese Beamten können zugleich bei der Regierung be=
schäftigt werden und nehmen an den Plenarberathungen
derselben nach Maßgabe der für die Regierungsmitglieder
bestehenden Vorschriften Theil.

Die Mitglieder der Regierung können von dem Re=
gierungspräsidenten zur Bearbeitung der ihm übertragenen
Geschäfte herangezogen werden.

§ 24. Der Regierungspräsident ist befugt, Beschlüsse
der Regierung oder einer Abtheilung derselben, mit welchen
er nicht einverstanden ist, außer Kraft zu setzen und, so=
fern er den Aufenthalt in der Sache für nachtheilig er=
achtet, auf seine Verantwortung anzuordnen, daß nach
seiner Ansicht verfahren werde. Andernfalls ist höhere
Entscheidung einzuholen.

Auch ist der Regierungspräsident befugt, in den zur Zuständigkeit der Regierung gehörigen Angelegenheiten an Stelle des Kollegiums unter persönlicher Verantwortlichkeit Verfügungen zu treffen, wenn er die Sache für eilbedürftig oder, im Falle seiner Anwesenheit an Ort und Stelle, eine sofortige Anordnung für erforderlich erachtet.

§ 28. Der Bezirksausschuß besteht aus dem Regierungspräsidenten als Vorsitzenden und aus sechs Mitgliedern.

Zwei dieser Mitglieder, von denen eins zum Richteramte, eins zur Bekleidung von höheren Verwaltungsämtern befähigt sein muß, werden vom Könige auf Lebenszeit ernannt. Aus der Zahl dieser Mitglieder ernennt der König gleichzeitig den Stellvertreter des Regierungspräsidenten im Vorsitze mit dem Titel Verwaltungsgerichtsdirektor. Zur sonstigen Stellvertretung des Regierungspräsidenten im Bezirksausschusse und zur Stellvertretung jedes der beiden auf Lebenszeit ernannten Mitglieder ernennt der König ferner aus der Zahl der am Sitze des Bezirksausschusses ein richterliches oder ein höheres Verwaltungsamt bekleidenden Beamten einen Stellvertreter. Die Ernennung der Stellvertreter erfolgt auf die Dauer ihres Hauptamts am Sitze des Bezirksausschusses.

Die vier anderen Mitglieder des Bezirksausschusses werden aus den Einwohnern seines Sprengels durch den Provinzialausschuß gewählt. In gleicher Weise wählt letzterer vier Stellvertreter, über deren Einberufung das Geschäftsregulativ bestimmt.

Wählbar ist mit Ausnahme des Oberpräsidenten, der Regierungspräsidenten, der Vorsteher Königlicher Polizeibehörden, der Landräthe und der Beamten des Provinzialverbandes jeder zum Provinziallandtage wählbare Angehörige des Deutschen Reichs. Mitglieder des Provinzialraths können nicht Mitglieder des Bezirksausschusses sein. . .

§ 30. Der Vorsitz im Bezirksausschusse geht in Behinderungsfällen von dem Regierungspräsidenten beziehungsweise dem Verwaltungsgerichtsdirektor auf das zweite er

nannte Mitglied, sobann auf ben Stellvertreter bes Ver=
waltungsgerichtsbirektors über.   Der Regierungspräsibent
gilt als behinbert in allen Fällen, in welchen über eine
Beschwerbe gegen die Verfügung eines Regierungspräsi=
benten verhanbelt wirb.

§ 36. An ber Spitze ber Verwaltung bes Kreises
steht ber Lanbrath. Derselbe führt ben Vorsitz im Kreisaus=
schusse. Im Uebrigen wirb die Zusammensetzung bes Kreis=
ausschusses burch die Kreisorbnungen geregelt.

§ 37. Der Stabtausschuß besteht aus bem Bürger=
meister beziehungsweise bessen gesetzlichem Stellvertreter
als Vorsitzenben unb vier Mitgliebern, welche vom Magistrate
(kollegialischen Gemeinbevorstanbe) aus seiner Mitte für
die Dauer ihres Hauptamtes gewählt werben.

Für Fälle ber Behinberung sowohl bes Bürgermeisters
wie seines gesetzlichen Stellvertreters wählt ber Stabt=
ausschuß ben Vorsitzenben aus seiner Mitte. Derselbe
bebarf ber Bestätigung bes Regierungspräsibenten, in bem
Stabtkreise Berlin bes Oberpräsibenten ber Provinz Bran=
benburg.

Der Vorsitzenbe ober ein Mitglieb bes Stabtaus=
schusses muß zum Richteramt ober zum höheren Ver=
waltungsbienst befähigt sein.

Sammlungen.

J. Du Mont, Corps universel diplomatique du droit des gens.
— Dazu 'Suppléments' par J. Rousset. Amsterdam
et la Haye 1726–39. 13 voll. fol. [a. 800—1739].

F. A. W. Wenck, Codex iuris gentium recentissimi. Lipsiae
1781—95. 3 voll. 8⁰. [a. 1735—72].

G. F. de Martens, Recueil des principaux traités depuis
1761 jusqu'à présent. Nebst Fortsetzungen ('Supplément',
'Nouveau Recueil') von dems., sowie von Saalfeld.
Murhard. Pinhas. Samwer, Hopf, Stoerk.
Gottingue 1791—1888. c. 70 voll. 8⁰. — Table géné-
rale. 2. voll. 1875. 76 [a. 1494—1874].

Theatrum Europaeum oder Beschreibung aller denkwürdigen
Geschichten, so etc. von J. Christi 1617 sich zugetragen
(von J. Th. Abelin u. Fortsetzern). Frankf. a/M. 1635
bis 1738. 21 voll. fol. [a. 1617—1718].

A. Michaelis, Corpus iuris publici germanici academicum.
Tübingen 1825. 8⁰.

Sammlung der Gesetze, welche unter der Regierung Franz' II.
(I.) in den k. k. Erblanden erschienen sind, v. Kropa-
tschek; nebst Forts. von Goutta und von Pichl.
Wien 1792—1843. 67 voll. 8⁰. — Wird fortgesetzt
durch die Vorläufer des heutigen österreichischen 'Reichs-
gesetzblatts'.

P. A. Winkopp, Die Rheinische Konföderationsakte oder
der am 12. Julius 1806 zu Paris abgeschlossene Vertrag.
Französisch u. deutsch mit diplomatischer Genauigkeit
abgedrukt, nebst allen erläuternden Urkunden etc.
Hrsg. u. mit einigen Bemerkungen begleitet. Frankfurt am Mayn 1808. 8⁰.

P. A. Winkopp, Der Rheinische Bund. Eine Zeitschrift
historisch - politisch - statistisch - geographischen Inhalts.
Frankfurt a. M. (u. Offenb.) 1807—12. 22 voll. 8⁰.

Protokolle der deutschen Bundesversammlung (nebst den
loco dictaturae gedruckten Beilagen). 1816—66. Frankfurt am Main (letzter Band: Frankfurt a. M. und Augs-
burg). fol.

Ph. A. G. v. Meyer, Corpus iuris Confoederationis Germ.
oder Staatsacten für Gesch. u. öffentliches Recht des
Deutschen Bundes. Nach offiziellen Quellen hrsg. Ergänzt
etc. v. H. Zoepfl. (3. A.) Frankfurt am Main 1858—69.
3 Bde. gr. 8⁰.

J. L. Klüber, Quellensammlung zu dem öffentlichen Recht
des Teutschen Bundes. Erlangen 1830. 8⁰.

9*

C. Weil, Quellen und Aktenstücke zur deutschen Verfassungsgeschichte. Von der Gründung des deutschen
Bundes etc. Berlin 1850. 8⁰.

Reich-Gesetz-Blatt. Frankfurt a. M. v. 29. Sept. 1848 bis
7. Juni 1849. 4⁰.

Bundes-Gesetzblatt des Norddeutschen Bundes. 1867—70
(71). Berlin. 4⁰.

Reichs-Gesetzblatt 1871—89. Berlin. 4⁰.

Guttentag'sche Sammlung Deutscher Reichsgesetze. Text-
ausgaben mit Anmerkungen. Berlin u. Leipzig. 1871—88.
27 Bändchen. 16⁰.

Herm. Schulze, Die Hausgesetze der regierenden Deutschen
Fürstenhäuser. Jena 1862—83. 4 Bände. Lex. 8⁰.

Ae. L. Richter, Die evangelischen Kirchenordnungen des
16ten Jahrhunderts. Weimar 1846. 2 Bände. 4⁰.

F. Stoerk, Handbuch der deutschen Verfassungen. Die
Verfassungsgesetze des Deutschen Reiches und seiner
Bundesstaaten, nach dem gegenwärtigen Gesetzesstande.
Leipzig 1884. 8⁰.

C. O. Mylius, Corpus Constitutionum Marchicarum oder
Kgl. Preuss. u. Churfürstl. Brandenb. Ordnungen, Edicta
etc. Berlin u. Halle 1737—55. 6 voll. u. 4 contin. mit
Repertorien. fol. [vom 15. Jh. bis 1750].

C. O. Mylius, Novum Corpus Const. Prussico - Branden-
burgensium praec. Marchicarum, oder Neue Sammlung Kgl.
Preuss. etc. Ordnungen, Edikten etc. Berlin 1753—1822.
12 voll. mit Repert. fol. [a. 1751—1810].

Sammlung der für die Königlichen Preussischen Staaten
erschienenen Gesetze etc. 1806—1810. Als Anhang zur
Gesetzsammlung. Berlin 1822. 4⁰.

Gesetzsammlung für die Königlich Preussischen Staaten
1810—1889. Berlin. 4⁰.

Th. v. Moerner, Kurbrandenburgs Staatsverträge von 1601
bis 1700. Berlin 1867. 8⁰.

M. v. Brauchitsch, Die neuen Preussischen Verwaltungs-
gesetze; umgearbeitet etc. v. Studt u. Braunbehrens.
4 Bde. Bd. 1. 10. Aufl. Berlin 1889. 8⁰.

Guttentag'sche Sammlung Preussischer Gesetze. Textaus-
gaben mit Anm. Berlin u. Leipzig 1886—88. 9 Bändchen. 16⁰.

M. Schilling, Quellenbuch zur Geschichte der Neuzeit.
Berlin 1884. 8⁰. (Auszüge für Anfänger.)

Druck von G. H. Schulze & Co. in Gräfenhainichen.